KB192696

실패 빼앗는 사회

실패

:
카이스트
실패연구소의
한국 사회
실패 탐구
보고서

❌ Fail

빼앗는
사 회

안혜정
조성호
이광형

위즈덤하우스

일러두기

- 본문에 등장하는 카이스트 학생들의 이름은 가명으로 처리했다.
- 2021년부터 2024년까지 카이스트 실패연구소의 여정을 생생하게 묘사한 2~5장은 실패연구소 안혜정 연구조교수의 시점으로 쓰였다.
- 이 책의 내용은 저자들의 개인적 견해, 그리고 각종 사례 및 경험에 대한 주관적 해석에 기초하여 작성되었다. 따라서 카이스트의 공식 입장과 다를 수 있음을 밝혀둔다.

책에 나온 카이스트 학생들의 심리 묘사가 내가 느꼈던 감정과 비슷해서 깜짝 놀랐다. 고등학생 때는 카이스트에 입학하기만 하면 장밋빛 미래가 펼쳐질 줄 알았는데, 막상 학교에 오니 대단한 친구들에 비해 늘 뒤처지는 패배자가 된 것처럼 느껴졌다. 그때 실패연구소가 그런 실패감을 공동체 차원으로 꺼내서 다루어준 것이 오히려 두려움을 이기고 도전할 수 있는 원동력이 되었다. 내가 대학에서 이룬 성취의 시작에 실패연구소가 있었다고 해도 과언이 아닐 정도다. 실제로 많은 카이스트 학생이 실패연구소가 주최하는 행사를 주목하고 그 메시지에 공감하고 있다. 이 책을 통해 카이스트 캠퍼스 바깥에서도 많은 사람이 실패연구소의 철학과 메시지를 만날 수 있게 되어 기쁘다. 왠지 모를 실패감을 느끼는 사람들에게 이 책이 큰 도움이 되리라 믿는다.

_정혜인(카이스트 전기 및 전자공학부 학사 과정 재학 중, 실패연구소 인스타툰 일러스트레이터)

한창 '헬조선'이라는 단어가 자주 쓰일 때, '아프니까 청춘'이라는 캐치프레이즈가 유행한 적이 있다. 그러나 그 문구에 대한 청년들의 반응은 냉혹했다. '아프면 환자지, 그게 청춘인가?'라는 한 코미디언의 일갈이 금세 화제가 되었다. 청년에게 따스한 위로를 건네려는 시도에 정작 청년들이 냉소를 보낸 이유는 무엇일까. 나는 그 이유가 청년의 삶에 대한 면밀한 관찰 없이 '동기 부여'가 필요하다고만 말하며, 우유부단한 힐링 담론으로 문제의 본질을 가렸기 때문이라고 본다.

반면 이 책은 카이스트 학생들에 대한 면밀한 관찰과 이해에서 시작해 한국 사회의 실패를 통찰하고자 한다. '실패를 두려워하지 않는 캠퍼스 조성'을 위해 설립된 카이스트 실패연구소를 꾸려온 저자들은 객관적인 관찰자 입장에서 카이스트 학생들이 겪는 삶의 실패를 들여다본다.

혹자는 "카이스트 학생들이 삶에서 무슨 실패를 겪을 일이 있냐"라고 물을지도 모른다. 하지만 저자는 학생들과 대화하며 분명하게 구조화된 실패를 발견한다. 청년 세대의 도전을 망설이게 하는 경제적 불안정성과 미래에 대한 불확실성은 물론이고, 쉼을 허락받지 못한 채 스스로를 돌아보며 재정비하는 여유가 결여된 모습은 현시대를 살아가는 청년의 부정할 수 없는 단면이다. 경쟁적 입시 문화 같은 한국 사회의 중요한 특징들의 산물인 카이스트이기에 더욱 극명하게 드러나는 실패도 존재한다.

그렇게 본다면 카이스트 학생들의 이야기는 독자와 유리된 곳에서 일어난 저들만의 이야기가 아니라, 이 사회가 요구하는 기준에 부응한 학생들마저도 실패하는 이야기 혹은 사회가 요구한 기준에 부응했기에 실패하는 이야기가 된다. 나아가 모두가 사다리를 타고 오르고자 했던 한국 사회의 문화와 가치 체계가 잘못되었을 수도 있다고 말하는 이야기이기도 하다.

카이스트 학부생인 나는 책을 읽으며 때로는 부끄러움을, 때로는 괴로움을 느꼈다. 책에 실린 학생들의 이야기가

추천의 말

나 자신의 이야기와 많은 부분 비슷해서, 내 삶의 실패들이 겹쳐 보여서 그랬다. 실패와 성공을 어떻게 정의하고 그것을 어떻게 다루는지는 각자의 직업적, 일상적 가치관의 생각보다 깊은 곳에 형성되어 있기에, 스스로를 성찰하면서 읽을 수밖에 없었다. 아직 성숙하지 못한 자아를 대면하고, 공부나 성취 말고도 중요한 삶의 요소들에 소홀했던 자신을 반성하는 건 남의 이야기가 아니었다.

그럼에도 읽는 과정에서 거부감이 들지 않았던 건, 보통의 자기 계발서처럼 '이렇게 하면 성공할 수 있다'라고 말한다거나 '힐링'류 서적처럼 문제의 본질을 덮으며 그럴듯한 위로를 건네는 책이 아니기 때문이다. 이 책은 '당신은 잘못 없고 사회가 온통 문제'라는 식으로, 거꾸로 '당신만 바뀌면 모든 게 잘될 것'이라는 식으로 쉬운 답을 강요하지 않는다. 그 대신 사회의 실패란 결국 개인의 실패가 모여서 만들어지는 것이고, 개인의 실패는 개인에게만 탓을 돌릴 수 없는 사회적 근거를 가진다고 말한다. 그렇기에 불가분의 관계에 있는 개인과 사회의 실패를 모두 끌어안는 어려운 길을 가고, 바로 그것이 이 책이 갖는 미덕이다. 더욱이 저자들은 개인의 실패에 공감하고 실패의 원인이 되는 구조와 문화에 대항함으로써 균형감 있는 분석을 선보인다.

중심을 잃지 않으며 자신만의 고유한 관찰에 기반해 타인에게 공감하고자 노력해준, 그리고 그 고심의 흔적을 책으로 남겨준 저자들에게 고맙다. 이들의 생각을 따라가다 보면 실패 연구란 실패하는 '사람'에 대한 연구, 다르게는 실패하는 사람에게 '공감'하는 연구라는 점이 보다 선명하게 드러난다. 타인에 대한 인정을 전제로 하는 공감은 이 책을 내내 지탱하는 힘이다. 이 단단한 힘이 실패연구소를 '치료하기보다는 치유하는' 공간으로, 학생 각자를 '정상화'하기보다는 이미 '정상임을 인정'하는 공간으로 만든다.

그렇기에 이 책을 실패연구소가 거둔 하나의 성공으로 부를 충분한 이유가 있다. 하지만 나는 실패연구소의 성공을 바라 마지않으면서도, 이 기관이 영구적인 성공을 이루는 날이 올 것이라고는 생각하지 않는다. '우리는 성공했는가?'라는 질문에 대답하는 일은 늘 현재적인 문제의식과 소통에 기반하기에, 그 질문에 끊임없이 대답하는 과정을 통해서만 성공을 도모할 수 있기 때문이다. 어쩌면 그 과정에서 실패연구소가 다시 방향을 잃게 되어 구성원들이 괴로워하는 때가 올지도 모른다. 그렇지만, 또 그렇기에 나는 이

곳에서 고심하고 괴로워해온, 또 그렇게 할 사람들에게 깊은 마음으로 응원을 보내고 싶다. 이 학교의 구성원이기 때문이기도 하지만, 무엇보다 스스로의 존재 가치를 증명하고자 하는 날카로운 시선의 인본주의자들이 그려갈 미래를 믿기 때문이다.

그리고 나는 더 많은 독자가 이 책의 여정을 따라가며 함께 실패연구소의 앞날을 응원해주길, 이들의 앞날을 눈여겨봐주길 바란다. 당연히 독자들에게도 손해 보지 않는 여정이 될 것이다. 오히려 만약 실패연구소의 활동이 오직 카이스트 학생들을 위한 제언으로만 남는다면, 카이스트처럼 특혜를 받는 대학들이 불평등을 더욱 공고히 재생산하게 되는 결과로 이어질지도 모른다. 글을 맺으며 독자들의 관심과 참여를 다시 한번 부탁하는 이유다.

_ **정광혁**(카이스트 화학과 학사 과정 재학 중, 카이스트 학보사 〈카이스트신문〉 전前 편집장)

"실패해도 괜찮다"라는 장밋빛 비전을 가진 연구소가 주인공인 책. 순탄한 교훈이 가득할 것 같지만, 실상은 주인공이 진짜 망할지도 모른다는 스릴로 가득하다. 엘리트 학생들의 서늘한 피드백과 사회의 현실적 문제들에 부딪히는 이 작은 연구소는 실패를 이해하기 위해 숨이 깔딱깔딱할 때까지 달린다. 그 순간들을 읽고 나면 이들의 구호가 마냥 순진하게 들리지 않을 것이다. 그리고 책을 덮을 때 그들이 전하고자 한 실패의 진정한 의미는 우리를 성장하게 만드는 힘이 될 것이다.

_ **임경아**(카이스트 과학저널리즘대학원 졸업, 《페일로그: 나의 희망퇴직 일지》저자, 포토보이스 프로그램 참여자)

원고를 읽다가 내가 포토보이스 과제로 제출했던 사진을 보는 순간, 잊고 있었던 실패연구소에서의 미팅이 다시 선명하게 떠올랐다. 실패연구소에서의 경험이 내 인생을 180도 바꾸지는 않았다. 갑자기 시험에서 100점을 받고 아침에 일찍 일어나는 사람이 되지는 못했다. 그러나 분명히 내 인생에 남는 경험이 되었다. 나 같은 어려움을 겪는 주변 친구들에게 조금 더 관심을 가지고 조금 더 용기를 내게 되었다. 포토보이스 모임을 끝낸 뒤 돌아가는 길에 우리끼리 서로를 유대감 넘치는 눈빛으로 바라보았는데, 그 눈빛을 아직도 잊을 수 없다.

추천의 말

이 책은 실패연구소의 과학적 접근법, 명쾌한 연구 루트를 스텝 바이 스텝으로 다룬다. 연구하면서 부딪혔던 어려움, 예상치 못한 일까지도 모두 다루며 저자들은 실패 공유에 누구보다 앞장선다. 이 장기 연구에 초보 연구자로서 존경의 박수를 보낸다.

남녀노소 모두에게 이 책은 인상 깊은 지침이 될 테지만, 특히 카이스트 학생의 목소리가 담긴 만큼 카이스트 학생에게 큰 도움이 되리라 믿는다. 그리고 이 책이 회사나 학교 등 많은 조직에서 구성원 각자의 경험과 목소리를 공유하는 계기가 되어주길 바란다. 다른 집단이 아닌 자신이 속한 집단의 이야기를 듣는 것이 질적으로 새로운 경험이 될 것이기 때문이다.

_박소정(카이스트 물리학과 석박사 통합 과정 재학 중, 포토보이스 프로그램
참여자)

왜 우리는 실패를 주목해야 하는가

한국 사회는 유독 실패를 두려워한다. 이런 현상이 어디서 비롯되었는지 이해하려면 한국이 어떻게 성장해왔는지 살펴볼 필요가 있다.

한국은 놀라울 정도로 짧은 기간에 압축적인 성장을 이루어냈다. 이 과정에서 선진국의 기술과 사회 제도를 빠르게 학습하고 적용하는 패스트 팔로워Fast Follower 전략을 택했다. 시행착오를 최소화하고 효율성을 극대화하는 이런 방식은 빠른 성장에 특화된 전략이었다.

이는 한국의 교육 시스템에도 그대로 반영되어 있다. 과학고등학교나 카이스트 같은 기관들의 초기 설립 취지 중 하나는 이공계 인재를 빠르게 육성하는 것이었다. 특출난 학생들을 모아놓고 효율적으로 교육해 세상에 내보내는 방식이다. 자원이 부족하고 시간이 촉박했던 시절에는 이런 방식이 꽤나 큰 성과를 거두었다.

이러한 문화적 토양에서 우리는 어릴 때부터 실패를 절대적으로 피해야 하는 것으로 배워왔다. 그 결과, 사람들은 진로나 직업 선택에서도 검증된 경로, 즉 모범 답안 같은 획일화된 성공 경로를 따르며 위험을 최소화하려 한다. 모든 일에는 필연적으로 실패와 시행착오가 따르기 마련인데도 사회적 낙인 때문에 실패가 은폐되거나 과정이 왜곡되기 일쑤다. 이는 결과적으로 도전적이고 창의적인 시도를 가로막는 장벽이 되고 있다. 더 큰 문제는 한국 사회 구성원 대부분이 다른 방식의 성장 전략을 받아들이기 어려워한다는 점이다. 특히 아무도 해본 적 없는 것을 시도하는 '앞서가는 존재'가 되는 데 어려움을 겪고 있다.

이런 변화 과정에서 세대 간 인식 차이와 갈등이 발생한다는 것도 문제다. 기성세대는 자신의 성공 경험을 근거로 젊은 세대에게 자신들이 살아온 길을 따르라 주장하지만, 젊은 세대는 그 방식이 더 이상 유효하지 않음을 직감하고 있다. 첫째, 시대적 맥락과 사회 분위기가 완전히 달라져서 개인을 하나의 잣대로 재단하는 것이 더 이상 적절하지 않기 때문이고 둘째, 다이내믹한 사회 변화 속에서 과거의 성공 방정식이 미래에도 반드시 통하리란 보장이 없기 때문이다.

지난 수십 년간 한국은 물질적으로 놀라운 성장과 발전을 이루었다. 그러나 이러한 빠른 경제 성장에 비해 사회적, 문화적 성숙은 상대적으로 더딘 걸음을 걷고 있다고 느낀다. 심리학자 에이브러햄 매슬로Abraham Maslow의 욕구 단계설에 비추어 보면, 한국 사회는 생리적physiological 욕구와 안전safety 욕구는 충분히 충족했지만, 아직 존경esteem 욕구나 자아실현self-actualization 욕구까지는 도달하지 못한 것 같다. 사회가 너무 빠른 속도로 성장하고 변화하다 보니 질적 성장이 양적 성장의 속도를 따라가는 데 어려움이 있었던 것은 아닐까.

이런 상황을 바꾸려면 교육 방식의 전환이 필요하다. 복잡한 문제를 단순화해 하나의 해답을 찾는 교육을 넘어 다양함을 수용하는 능력을 키워야 한다. 또한 빠르게 문제를 해결하는 기술과 방법론을 넘어 자신의 비전을 찾고 스스로를 성찰하는 역량을 길러야 한다. 이것이 바로 패스트 팔로워에서 퍼스트 무버Fisrt Mover로 도약하는, 더 이상 실패를 두려워하지 않고 새로운 성장 방식을 상상해볼 수 있는 근본적 토대가 될 것이다.

기성세대가 젊은 세대를 바라보는 방식도 바뀌어야 한다. 무엇보다 이들이 태어나고 자란 환경을 이해할 필요가 있다. 물질적 풍요 속에서 자란 세대이기에 정신적으로 성장하는 과정이 이전 세대와 다를 수밖에 없다. 편안하고 풍요로운 삶을 추구하는 것이 틀리지 않았고 그들 나름대로 합리적인 선택일 수 있음을, 다른 배경과 경험을 가진 이들에게는 새롭고 다양한 성장 방식이 있을 수 있음을 이해할 필요가 있다.

더구나 한국처럼 작은 나라가 글로벌 경쟁에서 살아남으려면 다양한 방식의 시도와 실패를 용인하는 문화가 필요하다. 점조직처럼 여기저기서 새로운 시도가 이루어지고 그중 일부가 성공 사례로 자리 잡아 다른 사람들에게 긍정적 영향력을 미치는 것. 이것이 바로 우리가 지향해야 할 모습이 아닐까 생각한다.

이 책은 카이스트 실패연구소가 그동안 카이스트 학생들뿐 아니라 학교 안팎으로 세대와 분야를 넘나들며 여러 사람들을 만나 실패에 대해 나눈 이야기, 그리고 그 과정의 고민을 담고 있다. 누군가에게는 공감을, 또 다른 누군가에게는 서로 다른 삶과 생각에 대한 이해를 넓히는 계기가 되기를 바란다. 그리고 이를 통해 전환점에 선 한국이 함께 고민하고 성장하는 밑거름이 되길 희망한다.

차례

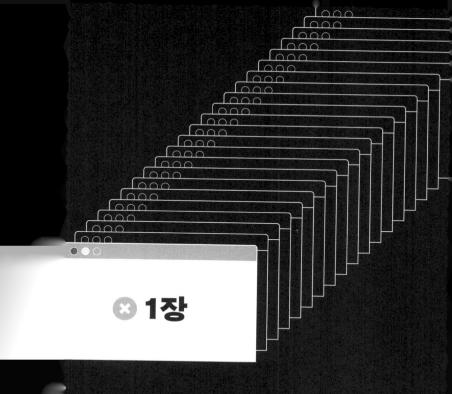

1장

카이스트가
실패연구소를
만든 이유

언제까지 뒤에서
쫓아가기만 할 것인가

한국의 국가 연구 개발Research and Development, R&D 과제 성공률은 99퍼센트에 달한다. 실패율이 아니라 성공률 99퍼센트, 믿기 힘들겠지만 사실이다. 연도별로 다소 차이는 있지만 정부가 투자하는 연구 프로젝트의 성공률은 매년 95퍼센트에서 99퍼센트 사이를 유지하고 있다. 그런데 이 놀라운 성공률을 자랑스러워해도 되는 걸까?

이 성공률의 의미를 곰곰이 생각해보자. 프로젝트 성공 여부는 당초 설정한 목표를 달성했는가를 기준으로 평가된다. 성공률 99퍼센트는 달리 말하면 처음부터 실패할 리 없는 안전한 목표만 설정했다는 의미이기도 하다. 국가의 미래 성장 동력을 책임지는 R&D야말로 혁신적인 도전이 가장 필요한 분야인데도 실패에 대한 두려움이 혁신의 기회를 제한하고 있는 것은 아닐까?

이런 기형적인 성공률의 이면에는 그럴 만한 이유가 있다. 세금으로 진행되는 연구가 실패하면 그 책임자는 문책을 당하고 후속 연구 기회에서 불이익을 받는다. 연구 관리와 지원 부서 역시 실패한 프로젝트를 제대로 관리 감독하지 못했다는 이유로 비난당한다. 연구 과정에서 시행착오는 필연적인데도 실패한 과제는 영수증 하나까지 철저한 감사 대상이 되기도 한다. 이러한 환경에서 연구자들이 혁신적인 도전보다 안전한 성과를 선호하는 것은 어찌 보면 당연한 결과다.

한국은 그동안 눈부신 성장을 이루어왔다. 1960년대 초만 하더라도 개발 도상국에 불과하던 한국은 성장을 위한 각고의 노력 끝에 어느덧 경제 규모 세계 10위권에 진입한 선진국으로 도약했다. 이 과정에서 한국은 남들이 만들어 놓은 길을 더 빠르게, 더 효율적으로 좇으며 지금의 성취에 이르렀다. 마치 정답이 있는 질문지를 풀듯 명확한 목표를 향해 달려가는 방식으로 성장해왔고, 그 과정에서 실패는 성실이나 노력의 부족으로 여겨졌다. 그러다 보니 연구계뿐 아니라 기업, 정부 기관 그리고 학생들마저 되도록 실패하지 않으려 하고, 설사 실패하더라도 그것을 숨기기에 급급한 분위기가 조성되었다.

"성공률이 80퍼센트가 넘는 연구 과제는 지원하지 않겠다"

2021년 2월, 카이스트 제17대 총장으로 취임한 이광형 교수는 "성공률이 80퍼센트가 넘는 연구 과제는 지원하지 않겠다"라는 파격적인 선언을 했다. 그가 보기에 한국의 과학 기술과 과학자 개개인의 역량은 이미 세계적인 수준에 도달했다. 우리의 과학 기술계가 더 이상 패스트 팔로워에 머무르지 않고 세계를 이끄는 퍼스트 무버가 될 수 있는 역량은 이미 충분하다는 것이 그의 진단이다. 그러나 '과학 분야 노벨상은 대체 언제?'라는 단골 질문이 보여주듯, 세계를 놀라게 할 과학 기술 개발의 성과는 아직 부족하다.

노벨상 관련 질문을 받을 때마다 이광형 총장의 대답은 한결같았다. 우리가 노벨상을 수상하기 위해서는 "완전히 새로운 것", "이 세상에 없는 것"에 도전해야 한다는 것이었다. 단순히 남들이 만들어놓은 기술을 따라가지 말고, 우리만의 독창적인 아이디어를 끈질기게 고민하고 연구해야 한다는 주장이었다. 그 노력의 진정한 결과가 드러나는 데에는 10년, 20년, 30년이라는 긴 시간이 필요하다. 이를 위해서는 연구자들이 안전한 목표에만 안주하지 않고 전례 없는 도전을 시도할 수 있는 환경과 제도적 지원이 반드시 마련되어야 한다고 강조했다. 이광형 총장은 카이스트에서부터 이러한 변화를 시도하고자 했다.

이광형 총장은 취임 직후 카이스트에 '후츠파chutzpah 정신'을 심겠다고 선언했다. 후츠파는 히브리어로 '담대함'과 '도전 정신'을 뜻한다. 그는 남이 연구한 것을 뒤쫓거나 그것과 경쟁하는 대신 '남과 다름'이 빛을 발하는 교육과 연구 문화를 만들겠다고 강조했다. 경쟁 연구보다 최초 연구에 더 큰 가치를 두겠다는 것이 그의 핵심 철학이었다.

대표적으로 '1 랩 1 최초' 운동이 있다. 이는 연구실마다 하나 이상의 세계 최초 연구를 시도하도록 장려하는 프로그램이다. 또 매달 전공이 서로 다른 교수들이 모여 과학 난제와 기발하거나 황당한 연구 아이디어를 공유하는 '황당포럼'도 열렸다. 학생들이 전공 공부에 매몰되지 않고 다양한 경험을 할 수 있도록 학교 안팎에서 다양한 활동의 기회를 보장하는 한편, 평가와 휴학 제도를 개선해 성적에 대한 압박감은 줄이도록 했다. 게다가 이공계 중심의 카이스트에 문화 예술계 석학을 교수로 초빙하거나 학내에 미술관을 건립하는 등 전방위적인 혁신을 추구하기도 했다. 이를 통해 카이스트 구성원들이 전에 없던 새로운 아이디어를 떠올릴 수 있는 환경을 만들고자 했다.

실패연구소 설립 역시 이러한 철학의 연장선에 있었다. 완전히 새로운 것, 이 세상에 없는 것을 향한 도전에는 필연적으로 실패의 위험이 따른다. 참조할 만한 사례가 없는 미지의 길을 개척해야 하기 때문이다. 그러니 도전을 외치면서 그에 따르는 실패를 용인하지 않는 것은 반쪽짜리 주장에 불과하다. 시행착오를 겪고 눈앞의 목표가 좌절되더라도 높은 목표를 향해 나아가기 위해서는 실패에서 배우고 성장하는 시간이 필요하다. 이광형 총장은 이러한 기회를 제도적, 문화적으로 보장하는 방안의 하나로 실패연구소를 제안했다.

이광형 총장은 실패연구소를 통해 더 많은 구성원이 두려움 없이 도전하기를 바랐다. 실패를 단순한 패배로 간주하지 않고 교훈을 주는 성공으로 재해석하여 실패에서 배우는 문화를 카이스트에 뿌리내리고자 했다. 이는 무모한 실패를 장려하겠다는 의미가 아니었다. 오히려 더 높은 목표와 완전히 새로운 것을 향해 나아가는 과정에서 겪는 실패의 가치를 인정함으로써 더 큰 혁신을 이루겠다는 의지의 표현이었다.

두려움 없는 도전을 장려하는
실패 공유 플랫폼을 꿈꾸다

실패연구소 설립 소식은 카이스트 구성원 사이에서 큰 화제가 되었다. 일부는 "지금껏 성공하라는 압박 속에 열심히 달려왔는데 이제는 실패마저 잘해야 하나?"라며 농담을 건넸다. 하지만 그런 우스갯소리를 던진 이들조차 이러한 시도의 중요성을 직관적으로 이해하고 있었다. 대담한 도전의 가치를 모두가 인정하면서도 결국 안정적인 성과만 추구하는 현실을 그들이 가장 가까이에서 체감하고 있었기 때문이다.

카이스트는 과학 기술 특성화 대학으로서 고유한 조직 문화를 발전시켜왔다. 하지만 이공계 중심의 편향성, 공공 출연 기관이라는 조직 구조, 국내를 넘어 세계 최고를 지향하는 성공 지향적 평가 체계가 양날의 검으로 작용하기도 했다. 이러한 조직 구성과 문화는 빠른 성과 달성을 이끄는 데에는 효과적이었지만 창의성과 도전 정신을 키우는 데에는 오히려 걸림돌이었다. 특히 한국 최고의 이공계 인재가 모인 이곳에서 '생존'이 최우선 과제로 자리 잡으면서 실패에 대한 두려움이 창의적 시도의 가장 큰 장애물이 되었다.

이런 분위기에 익숙한 카이스트 구성원에게 실패연구소 출범은 기대감을 불러일으켰다. 물론 "이런 시도도 결국 성공을 강조하는 문화의 다른 방식 아니냐"라는 회의적 시각도 있었지만, 대다수는 실패연구소가 그동안 고착된 문제들을 해결하는 전환점이 되기를 기대했다. 특히 실패연구소가 단순히 실패 사례를 모으고 분석하는 데 그치지 않고 도전을 장려하고 실패를 용인하는 새로운 문화를 만들어내는 촉매제가 되길 바라는 목소리가 컸다.

실패연구소 설립 초기, 카이스트 구성원에게 받은 의견을 살펴보면 실패를 용납하지 않는 경직된 문화와 높은 성과 압박이 가장 큰 문제로 지적됐다. 많은 구성원이 입학 전까지 실패를 거의 경험하지 못한 채 성공만을 경험하며 성장해왔기에 작은 실패에도 큰 좌절을 느끼고 이를 극복하는 데 어려움을 겪는다는 이야기가 많았다. 특히 실패 후 재도전할 수 있는 제도적 지원이나 심리적 안전망이 부족한 상황에서 도전적인 시도를 주저하고 안정적인 성과만을 추구하는 악순환이 발생하고 있다는 지적이 이어졌다.

한편 실패연구소 설립은 카이스트를 넘어 학계와 산업계에서도 주목받았다. 대학 차원에서 '실패'를 연구하는 정식 기구를 설립한 것이 한국 최초였기 때문이다. 실패를 두려워하는 한국 사회의 문화를 개선하고 도전하는 이들을 위한 사회적 안전망을 구축하기 위해, 실패연구소가 단순한 학내 연구 기관에 머무르지 않고 실질적인 사회 변화를 이끄는 새로운 플랫폼으로 자리매김하기를 기대하는 목소리가 끊임없이 들려왔다.

더 늦기 전에
실패를 드러내고 공유하자

실패를 적극적으로 드러내고 용인함으로써 도전적이고 혁신적인 사회 분위기를 만들겠다는 시도를 실패연구소가 처음 한 것은 아니다. 2000년대 들어 전 세계적으로 혁신과 창의적 도전을 위해 실패를 감추는 대신 드러내고 공유해야 한다는 공감대가 형성되기 시작했다.

'실패의 경험을 공유하자'는 아이디어가 본격적으로 주목받기 시작한 계기는 2009년 실리콘 밸리의 페일콘FailCon이었다.[1] 실리콘 밸리는 성공과 혁신의 상징으로 알려졌지만, 실제 현장에서는 수많은 실패와 시행착오가 반복되고 있었다. 수십억 달러 투자 유치와 혁신적 기술 개발 뒤에는 숱한 실패가 존재했으나, 성공한 기업가들의 강연은 주로 재현하기 어려운 성공담에만 초점이 맞춰져 있었다. 실패 사례는 드러나지 않았고 실패 속에서 얻은 교훈 또한 공유되지 않았다. 무엇이 잘못되었는지, 왜 실패했는지, 포기나 방향 전환을 결정한 배경 같은 진짜 창업 현장의 이야기는 성공 신화의 그늘에 가려져 있었다.

이러한 문제의식에서 몇몇 마음이 맞는 실리콘 밸리 종사자들이 '실패를 듣고 연구하는 날'을 기획했다. 기업가, 투자자, 개발자, 디자이너 등이 모여 자신의 실패 경험을 공유하고 토론하는 자리였는데, 특히 성공한 IT 기업가들이 연사로 참여하면서 크게 주목받았다. 이는 실리콘 밸리의 성공한 창업가에게도 실패는 필수 과정이며 중요한 자산이 될 수 있다는 점을 보여주는 계기가 되었다.

페일콘은 매년 참가자 500여 명을 끌어모으며 성공적으로 자리 잡았지만 2014년을 끝으로 중단되었다. 기획자 커샌드라 필립스Cassandra Phillips는 "실리콘 밸리에서 실패를 이야기하는 것이 너무 당연해져서 더 이상 콘퍼런스가 필요 없다"라고 설명했다. 실제로 실리콘 밸리에서는 실패라는 말 대신 '피버팅pivoting(빠른 방향 전환)'이라는 표현을 쓰게 되었고, 창업가의 실패 경험은 투자 심사에서도 중요한 경험 자산으로 인정받게 되었다.

비슷한 시기 핀란드에서는 또 다른 형태의 실패 공유 운동이 시작되었다. 2010년 국민 기업 노키아의 몰락으로 경제적 위기에 처한 핀란드는 고용 위기 극복을 위해 청년 창업 활성화 정책을 추진하던 중이었다. 이때 알토대학교의 한 학생 동아리가 '실패의 날'을 제안했다. 도전을 위해서는 먼저 실패와 실패에 대한 두려움을 마주해야 한다는 취지였다. 대학생들의 이 제안에 정부, 학계, 벤처 투자자들이 호응했고, 첫 행사에서는 상징적으로 노키아 대표가 기조연설을 맡았다. 이 운동은 독일, 영국, 캐나다 등으로 빠르게 확산되었고, 매년 10월 13일을 '세계 실패의 날International Day for Failure'로 제정하기에 이르렀다.[2]

'세계 실패의 날' 캠페인은 실패 경험 공유를 일상의 영역으로 확장했다는 점이 특징이다. 매년 10월이 되면 #dayforfailure 태그로 새로운 도전을 장려하는 온라인 이벤트가 열린다. '존경하는 사람의 실패담 읽기', '어려운 요리 도전하기', '실패한 사진 공유하기'처럼 누구나 쉽게 참여할 수 있는 활동을 제안한다. 이를 통해 실패를 일상적이고 자연스러운 것으로 받아들이는 문화를 만들어간다.

최근 과학계에서도 실패를 공유하고 배우자는 움직임이 일어나고 있다. '획기적 발견'과 '명확한 결론'이 강조되는 과학 연구 현장에서는 수많은 시행착오와 실패가 묻혀 왔다. 이러한 분위기에 문제의식을 품은 네덜란드의 젊은 연구자들이 실패한 과학 연구를 싣는 학술지 〈저널 오브 트라이얼 앤드 에러Journal of Trial and Error, JOTE〉**3**를 창간했다. 이들은 '과학이 전달되는 방식이 과학이 이루어지는 방식에 영향을 미친다'라는 아이디어에서 출발했다.

〈JOTE〉는 타당한 방법론을 적용했는데도 예상한 결과를 얻지 못한 연구나, 부정적 결과가 나온 실험을 학술지 형태로 출판한다. 더 나아가 예상한 가설 검증에 실패한 모든 논문에는 해당 분야 전문가나 과학 사회학자, 인문학자 등이 '무엇이 잘못되었는가'를 성찰한 논문을 반드시 함께 게재하도록 했다. 이를 통해 실패한 연구가 해당 분야 혹은 과학 전반에서 어떤 의미인지 더 깊이 있게 논의할 수 있다.

〈JOTE〉 팀의 궁극적인 목표는 역설적이게도 자신들의 학술지가 "쓸모없어지는 것"이다. 이들은 현재의 과학계처럼 시행착오가 체계적으로 무시되는 환경에서만 〈JOTE〉 같은 학술지가 필요하다고 본다. 따라서 실패의 중요성을 알리고 기존의 출판 관행을 개선함으로써 결과적으로는 이러한 특별한 플랫폼이 필요 없는 과학계를 만드는 것이 그들의 비전이다.[4]

이 학술지에 소개된 '식수, 위생, 보건Water, Sanitation and Hygiene, WASH' 분야 실패 캠페인은 특정 분야 종사자들 간의 실패 공유 사례로 주목할 만하다. 국제 개발 협력 분야, 특히 WASH 분야에서는 복잡한 현장 상황 때문에 프로젝트가 실패하는 경우가 빈번하다. 그러나 프로젝트 종사자와 원조 기관, 지방 정부 관료는 실패 공개를 꺼린다. 실패 사실이 그들의 평판을 떨어뜨리고 향후 활동에 부정적 영향을 미칠 수 있기 때문이다.

이러한 문제의식에서 출발한 WASH 실패 팀은 실패 경험을 공유하고 토론할 수 있는 포럼을 구축했다. 나아가 2021년에는 아프리카 지역 WASH 프로젝트 종사자 108명을 대상으로 실패 원인을 연구했다. 그 결과 정치와 관료주의, 자금 조달에 대한 기대, 프로젝트 사고방식, 이상주의적 계획, 부적절한 지역 사회 참여, 역량 부족 등이 실패가 반복되는 주요 원인으로 지목되었다.

WASH 실패 팀은 실패를 숨기는 관행이 심각한 문제를 야기한다고 본다. 실패 경험이 공유되지 않으면 다른 지역에서 동일한 실수가 반복되어 시간과 비용이 낭비되며, 특히 WASH 분야의 실패는 현지 주민의 건강과 생명에 직접적인 영향을 미칠 수 있기 때문이다. 이들은 실패와 도전에 더 큰 책임감을 가지고 투명하게 공유하는 문화를 만들어가고자 한다.

한국 사례로는 2018년부터 2023년까지 정부 주도로 개최된 '실패박람회'가 대표적이다. 행정안전부가 주도한 이 행사는 국제적으로도 드문 정부 주도의 실패 학습 프로젝트였다. 초기에는 단순히 실패에 대한 인식 개선과 재도전 문화 확산에 초점을 맞췄지만, 2020년부터는 실패를 사회적 자산으로 전환하는 더 깊이 있는 접근을 시도했다. 민관이 협력하는 연중 프로그램을 조직해 단순히 실패를 공유하는 것에서 더 나아가 숙의 토론을 통한 정책화를 시도했다. 그 결과 실패 사례에서 도출된 일흔다섯 건의 정책 과제 가운데 서른다섯 건이 실제 제도 개선으로 이어지는 성과를 거두기도 했다. 또한 '세계재도전포럼'을 개최하여 실패 인식 개선과 자산화를 위해 노력하는 학계, 산업계 및 시민 사회 주체들이 한데 모여 사례를 공유하고 학습하는 국제 적 플랫폼을 만들려고 노력했다. 이는 실패를 단순히 공유 하는 것을 넘어 실질적인 사회 변화를 이끌어내는 시도로 서 의미 있었다.[5]

실패가 일상이 되는 사회,
실패연구소의 존재 이유가 사라지는 사회를 향하여

다양한 실패 공유 사례들은 각기 다른 시기와 배경, 맥 락에서 이루어졌지만 공통적으로 세 가지 주요 목적을 공 유한다.

첫째, 실패를 드러내고 공유함으로써 실패에 대한 인식 전환을 시도했다. 실패를 개인의 무능력이나 부끄러움으로 여기던 관점에서 벗어나 누구나 경험할 수 있는 보편적 과 정이자 성장의 기회로 재해석하자는 것이다. 특히 페일콘 에서 성공한 기업가들이 자신의 실패를 공유하고 실패박람 회에서 다양한 분야의 실패 경험이 공유되면서, 실패가 특정 개인이나 집단의 문제가 아닌 혁신과 도전의 필연적 과정이라는 점이 강조되었다. 더욱 중요한 발견은 실패를 숨기지 않고 드러냄으로써 얻는 배움의 가치와 비슷한 경험을 공유한 이들 간에 연결감과 동료의식이 형성되었다는 점이다. 이는 실패를 숨기고 외면하는 문화에 대한 조직적 저항이자 실패 경험을 매개로 새로운 형태의 사회적 연대를 구축하려는 시도였다.

둘째, 실패 경험을 개인적 교훈으로 남기지 않고 사회적 자산으로 전환하고자 했다. 성공 사례나 일반적인 교과서에서는 배우기 어려운 과정상의 교훈을 공유함으로써 같은 분야에서 비슷한 도전을 준비하는 사람들에게 실질적인 지식을 제공하려 했다. 〈JOTE〉는 실패한 연구에 전문가의 성찰을 더하고, WASH 실패 팀은 현장의 실패를 체계적으로 분석하며, 실패박람회에서는 정책 아이디어가 제안되는 등 실패의 경험을 사회적 차원에서 활용하려는 노력이 나타났다. 이처럼 개인과 조직의 실패 경험을 집단적 지식으로 전환하는 노력은 성공 지향적 문화에서 외면되어온 실패로부터의 배움을 복원하고 체계화했다는 점에서 의미가 크다.

셋째, 실패 사례 공유를 통해 개인의 문제로 여겨졌던

것을 사회 구조적 차원에서 재해석하고자 했다. 여러 사례에서 반복적으로 나타나는 실패 패턴은 개인의 무능력이 아닌 제도나 시스템의 문제일 수 있기 때문이다. WASH 실패 팀이 발견한 관료주의나 부적절한 지역 사회 참여 문제, 실패박람회를 통해 제도 개선으로 이어진 정책 과제들은 개인의 실패로 치부되던 문제들의 구조적 원인을 잘 보여준다. 그래서 실패를 개인의 책임으로 돌리는 데 그치지 않고, 더 안전하게 실패하고 실패로부터 더 잘 배우며 더 빠르게 회복할 수 있는 사회 시스템을 설계해야 한다는 논의로 이어질 수 있었다.

궁극적으로는 실패를 자연스럽게 받아들이고 이를 통해 학습하며 성장하는 사회를 만드는 것이 이들 사례의 공통된 지향점이다. 나아가 페일콘이나 〈JOTE〉 설립자들이 주장하듯 이러한 플랫폼이 더 이상 필요하지 않은 사회를 만드는 것이 최종 목표일 것이다.

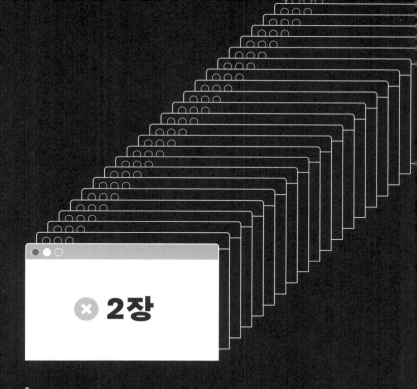

2장

⋮

실패 캠페인의
이상과 현실

실패연구소가 실패하면
어떻게 되나요?

"실패연구소가 실패하면 어떻게 되나요?"

한 학생이 실패연구소로 이런 질문을 보내왔다. 2021년 실패연구소가 출범하고 본격적인 활동을 시작하기 전, 실패연구소가 앞으로 어떤 일을 하면 좋을지에 대한 구성원의 의견을 듣는 창구를 통해서였다. 보통의 상황이라면 '아니, 지금 막 시작하는 사람들에게 이런 질문은 좀 너무한 것 아닌가…?'라고 생각할 법도 했지만, 나는 이 질문이 재미있었다. 실패연구소이기에 유쾌한 마음으로 받을 수 있는 질문이라 여겨졌고, 무엇보다 이 질문에 대한 답이 앞으로 우리가 어떤 태도로 일할 것인지를 보여줄 수 있으리라는 생각이 들었다. 그래서 이 질문에 답장을 쓰기로 했다.

정말 좋은 질문입니다. 실패연구소 구성원들 역시 실패에 대한 두려움에 종종 사로잡히거든요. 실패에 대한 두려움 없는 도전 정신을 만들어내다니 과연 우리가 가능한 꿈에 도전하는 것일까 자기 의심에 빠지는 날도 있고, 문화와 제도의 변화는 하루아침에 이루어지는 것이 아닌데 그 과정에서 우리가 만족할 만한 성취와 성과를 낼 수 있을까 고민하기도 합니다.

그렇지만 우리에게 주어진 미션을 계속 고민하고 시도할 것입니다. 시도한다면 필연적으로 크고 작은 실패들과 예상치 못한 일들을 마주하게 되겠죠. 혹시 그 속에서 공유할 만한 발견과 배움이 생긴다면, 실패연구소의 실패담 역시 공유할 기회가 있길 바랍니다.

우리의 시행착오와 실패가 또 다른 콘텐츠가 될 수도 있다는 그럴듯한 이유가 생기니 그 두려움이 조금 가벼워지는 느낌이 들기도 합니다. 어쩌면 여러분이 일하고 공부하는 카이스트에 실패연구소가 존재하는 이유 혹은 실패연구소의 역할이 바로 이런 것 아닐까요?

_ 실패연구소Center for Ambitious Failure, CAF 뉴스레터 창간호[1]

그땐 몰랐다. 이 책에서 실패연구소의 실패 이야기를 공개하게 될 줄은. '공유할 만한 발견과 배움이 생긴다면 실패연구소의 실패담을 공유하겠다'라는 말은 진심이었다. 그러나 돌이켜보면, 저 답장을 쓸 때의 우리는 '실패를 두려워하지 않고 도전할 수 있는 캠퍼스 문화를 만들겠다'라고 선언한 실패연구소가 앞으로 어떤 어려움을 맞닥뜨릴지 전혀 예상하지 못했던 것 같다.

고백하자면, 적어도 그 시절의 나는 저 답장을 쓰는 순간에도 실패연구소가 실패할 수도 있다는 생각은 별로 하지 않았다. 카이스트가 실패연구소를 만들면서까지 전하고 싶은 메시지는 카이스트 구성원뿐 아니라 한국 사회에도 시의적절하게 필요한 이야기였고, 어떤 사람들은 카이스트가 이런 시도를 시작했다는 것만으로도 의미가 있다고 평가했다.

우리는 실패연구소 홈페이지 대문에 이렇게 적었다. "최고의 성공은 과감한 도전에 의해 이룰 수 있고, 과감한 도전은 실패에 대한 두려움이 없을 때 가능합니다. 그러니 우리는 실패를 보는 관점이 달라야 합니다. 실패연구소는 우리 사회가 실패의 가치를 다시 보고 실패를 통해 배울 수 있도록 돕겠습니다."

구구절절 그럴듯한 말이었다. 운영 위원회 등 여러 전문가의 자문과 검토를 거쳐 완성된 실패연구소의 사업 계획서는 아주 매끈한 논리를 갖추고 있었다. 어쩌면 이런 아름다운 목표와 논리를 갖춘 프로젝트가 실패할 리 없다고 내심 생각했는지도 모르겠다. '내 사업 아이템은 세상에 정말 필요하고, 기술도 뛰어나니, 시장에 내놓기만 하면 세상 사람들이 다 사줄 거야!'라고 장밋빛 꿈을 꾸는 초보 사업가의 마음 같았달까.

그런데 여기서 잠깐, 실패연구소는 실패했나?

어떤 관점에서 보느냐에 따라 답이 달라질 수 있지만, 기록을 보면 오히려 그 반대에 가깝다. 그동안 축적한 프로그램의 실적과 참여자 만족도를 기준으로 본다면, 실패연구소의 활동은 성공이라 평가해도 무방하다. 실패연구소는 출범 후 참여형 연구, 세미나, 공모전, 전시 등 다양한 형태의 프로그램을 동시다발적으로 진행했다. 실패연구소가 기획한 프로그램이나 콘텐츠를 접한 사람들은 평소에 잘 다루지 않는 '실패'를 이야기하는 시도 자체가 신선하다는 반응을 보였고, 실패에 대해 새롭고 다양한 시각을 얻을 수 있다는 점을 긍정적으로 평가했다. 카이스트 본부에 분기별로 제출하는 실적 보고서에는 매번 실패연구소가 기존 계획을 초과 달성했으며, 프로그램 참여자들이 어떤 부분에서 반응을 보이고 만족했는지 자랑스럽게 기록했다.

언론 등 외부의 관심도 높았다. 한국에서 가장 똑똑한 사람들이 모여 공부하고 연구하는 곳이라는 이미지를 가진 학교에서 처음으로 만든 실패연구소는 그 등장만으로 이슈가 되었다. 출범한 지 2년이 되는 해, 대전 카이스트 캠퍼스에서 열린 '실패주간'의 한 행사에는 취재 전쟁을 방불케 할 정도로 많은 언론사가 모여들었다. 그 후 한동안 여러 방송사에서 실패의 의미를 재조명하는 프로그램이 만들어지기도 했다.

그러나 이러한 실적이 실패연구소가 미션을 달성했다는 의미인지를 묻는다면, 망설임 없이 '그렇다'라고 답하기 어려운 것이 우리의 문제였다. 실패연구소 홈페이지와 실적 보고서에는 이전에 없던 시도의 성과 목록이 차곡차곡

쌓여갔지만, 막상 실패연구소 내부에서는 이러한 활동들이 처음에 의도한 방향, 즉 '실패에 대한 두려움 없이 도전하는 문화 조성'이라는 목표에 효과적으로 다가가고 있는지에 대한 의문이 싹트기 시작했다. 우리가 마련한 프로그램이 실패에 대한 사람들의 인식을 바꾸고 있는지, 실패에 대한 인식을 넘어 카이스트 구성원의 도전 정신을 높이고 과감한 도전을 하게 만드는 데 실질적인 영향을 미치고 있는지에 대한 증거를 제시하기도, 명확히 긍정하기도 어려웠기 때문이다.

한번은 이런 일이 있었다. 성공한 스타트업의 전형이라 할 수 있는 토스의 성장기를 《유난한 도전》이라는 책으로 펴낸 정경화 콘텐츠 매니저를 실패연구소 세미나에 초청했다. 창업자부터 지금의 토스가 있기까지 중요한 인물들을 인터뷰해 토스의 역사를 재구성한 그는 토스의 눈부신 성과가 실패의 역사 위에 세워졌다고 이야기했다. 그들은 실패를 당연한 것으로 여겼다. 하이 리스크 하이 리턴high risk, high return, 즉 더 큰 성공을 원한다면 더 큰 위험을 감수해야 하기 때문이다. 청중석에 있던 많은 사람이 고개를 끄덕였다. 나도 세미나 기획과 연사 섭외를 맡은 담당자로서 실패연구소가 전하고 싶은 메시지를 좋은 사례로 소개했다는 생각에 뿌듯했다.

그런데 강연이 끝난 후, 한 학생이 손을 들고 질문했다.

"아까 연사님께서 하이 리스크 하이 리턴 이야기를 하셨는데요, 저는 사실 리스크가 적으면서 하이 리턴 할 수 있는 창업의 방법은 없는지 궁금해서 오늘 세미나에 참석했습니다. 요즈음 카이스트는 교수님들도 학생들에게 창업을 권하는 분위기인데요, 그래서 저도 고민이 됩니다. 창업도 좋지만, 공부하는 시기를 놓치면 안 될 것 같고, 학교가 요구하는 수준에 맞춰 과제나 시험 준비를 하는 것도 시간이 촉박해 큰 위험을 감당할 여유가 없거든요. 실패하지 않거나 적은 리스크만 감당하면서, 창업을 경험해볼 방법은 없는지 궁금합니다."

그 장면이 오래도록 기억에 남았다. 왜냐하면 그간 실패연구소 일을 하면서 뚜렷한 실패를 겪지 않았는데도 실패하고 있는 듯한 느낌의 실체가 무엇이었는지, 이 질문을 들으며 더 분명하게 깨달았기 때문이다.

실패연구소 초반에는 '실패에 대한 인식 개선'이라는 목표하에 '실패'하는 일이 얼마나 중요하고 가치 있는 일인지에 대한 메시지를 전하는 일에 주력했다. 실패에 관한 명언부터 성공한 사람들 이야기, 과학적 연구에서 실패의 교훈들을 열심히 찾아 다양한 방식으로 구성원에게 전달했다. '실패는 성공의 어머니', '실패는 성공을 위한 디딤돌', '빠르게 실패하고 빠르게 성공하라' 같은 이야기였다. 그런데 종종 그 이야기들이 학생들에게 가닿지 않는다는 느낌을 받았다.

실패연구소가 설득하고 싶은 실패의 메시지와 청중이 해결하고 싶은 현실의 실패 문제가 자주 어긋났다. '실패하더라도 시도는 그 자체로 가치가 있으며, 거기에서 잘 배운다면 실패는 과정일 뿐이다'라며 '실패해도 괜찮다'라는 메시지를 전하고 싶은 연사와 '실패를 피하는 법', '실패에서 빨리 벗어나는 법'을 배우길 기대하며 강연장을 찾는 청중의 마음 사이에는 늘 좁혀지지 않는 인식의 거리가 존재하는 듯했다. '실패는 과정'일 뿐임을 머리로는 이해할지 몰라도 현실에서 실패는 여전히 성공하지 못한 결과로 받아들여졌고, 그래서 내 실패를 들여다보고 그것을 다른 사람들과 공유하는 일에는 큰 용기가 필요했다. '도전하고 혁신하자', '실패를 포용하자' 같은 메시지에 많은 사람이 공감했지만, 책과 강연장을 벗어난 현실에서 그런 메시지는 너무 쉽게 힘을 잃었다.

전반적으로 실패의 가치와 캠페인의 목표를 효과적으로 커뮤니케이션하는 일에 실패하고 있다는 생각이 들었다. 그것을 인정했더니 비로소 실패를 효과적으로 커뮤니케이션하는 일을 가로막는 장벽이 눈에 들어왔다. 그 장벽의 상당 부분은 '실패'라는 단어가 지닌 다양한 의미에서, 다른 한편으로는 그간 우리 사회가 실패를 대해왔던 방식에서 기인했다. 실패연구소의 사업 계획서를 쓰며 참고했던 실패 캠페인의 성공 사례를 이야기하는 보고서들(대부분의 실패 캠페인은 실패 공유를 장려하면서 실패 캠페인의 실패는 왜 아무도 이야기하지 않는가!)에서 미처 읽어내지 못했던 실패의 본질이 그제야 눈에 들어왔다.

실패를 이야기할 수 있는 자격

누구나 실패를 한다

실패연구소를 열면서 초반에 가장 공들여 기획한 프로그램이 '실패세미나'였다. 다양한 분야에서 뛰어난 성취를 거둔 리더들을 초청해 그들의 실패 경험과 그로부터 얻은 교훈을 들어보자는 취지의 강연 프로그램이었다. 카이스트 교수, 소설가, 성공한 스타트업 대표, 국내 최초 여성 기업 임원, 누리호 엔진 개발 책임자, 심리학자 등 다양한 영역에서 남다른 성과를 낸 연사 스무 명 정도가 실패세미나 연단에 섰다.

실패세미나를 거쳐 간 연사의 면면을 보면 '누가 봐도 성공한 사람들이 무슨 실패를 이야기한다는 거지?'라는 의문이 들 수 있다. 이러한 반응이야말로 이 프로그램이 필요한 이유라고 생각했다. 대단한 성공을 이룬 사람 혹은 겉으로 보기에는 성공했다고 여겨지는 사람도 성공에 이르는 과정에는 크고 작은 실패가 있기 마련이다. 그러나 한국 사회는 성공의 순간에 주목하는 것에 비해 그 순간에 이르는 과정에는 별로 관심을 기울이지 않는다. 그래서 실패담보다 성공담이 훨씬 많이 그리고 자주 회자된다.

문제는 이런 분위기가 많은 사람에게 평균치에 대한 착각을 불러일으킨다는 점이다. 실제로는 그렇지 않은데도, 세상에 실패보다 성공이 더 많다고 여기는 것이다. 이 착각은 평소에는 별로 문제가 되지 않다가 실패하거나 좌절감에 사로잡혀 있을 때 나를 괴롭힌다. '다른 사람들은 다 성공하며 승승장구하는데, 나만 실패하며 뒤처지고 있다'라는 생각을 하게 만들기 때문이다.

2010년 과학 학술지 〈네이처〉에 과학자들에게 실패 이력서 쓰기를 제안한 베를린 의과대학 멜라니 슈테판Melanie

Stefan 박사도 비슷한 문제를 제기했다.[2] 그는 과학 연구자로 성장하는 과정에는 시험, 학위 및 장학금 취득, 논문 게재 등에서 실패가 빈번하게 일어나는데도, 일부 성공한 결과만 이력서에 나열하는 관행이 과학자의 경력을 승리의 연속처럼 보이게 만든다고 이야기한다. 실패를 공개적으로 이야기하지 않는 문화는 특히 학생이나 초기 경력 연구자에게 부정적 영향을 미친다. 이들은 연구 과정에서 자신의 노력이 성공적인 결과로 이어지지 않을 때, 실패를 역량 부족이나 적성 문제로 여기며 소속감이나 진로에 대한 불안을 느끼기도 하고, 실패했을 때 더 크게 낙담하거나 괴로워하기도 한다. 슈테판 박사는 스포츠 선수처럼 실패가 공개적으로 노출되는 분야와 과학계를 비교하며 후배들이 직업의 본질을 제대로 이해하고 본인의 실패를 견딜 수 있는 힘을 기를 수 있도록 실패를 공개하는 문화를 만들어 실패를 정상화normalize failure해야 한다고 주장했다.

실패연구소에서 기획한 실패세미나 역시 어느 정도 실패 정상화 효과를 의도했다고 볼 수 있다. 지금 내가 고민하고 있는 어려움이나 실패는 나에게만 특별하게 일어나는 일이 아닌 누구에게나 닥칠 수 있는 삶의 정상적 일부이며,

성공과 성장으로 나아가는 과정이라는 것을 다양한 사람들의 경험에서 배워가길 바랐다. 이런 이야기를 하기에 '성공한' 혹은 '성공했다고 여겨지는' 사람들은 가장 효과적인 메신저였다. 무엇보다 성공한 사람에게도 실패의 과정이 있었다는 종류의 이야기가 언제 올지 모르는 성공을 향해 각자의 자리에서 고군분투하는 학생들에게 위로와 용기를 줄 수 있으리라 기대했다.

"성공한 결과 없이 실패를 이야기해도 되나요?"

성공한 사람의 실패담이 아니라 '진짜' 실패한 사람의 이야기를 듣고 싶다. 실패세미나에 관심 있는 사람들에게 자주 요청받은 내용 중 하나였다. 평범한 주변 사람의 소소한 실패담을 듣고 싶다는 의견도 많았다. 특히 카이스트 학생들이 가장 궁금해하고 듣고 싶은 실패 이야기는 같은 학교에서 비슷한 과정을 겪고 있는 다른 친구, 선배, 후배의 이야기 혹은 이 과정을 거쳐 간 교수의 실패 경험이었다.

카이스트에서는 꼭 실패세미나가 아니더라도 성공한

리더의 강연을 접할 기회가 많다. 모든 학생은 리더십 강연을 필수로 들어야 하고, 카이스트 동문을 포함해 사회 각 분야에서 리더로 활약하는 사람들이 해당 강연의 연사로 나선다. 리더십 과정 외에 각 학과나 부서 차원에서도 구성원에게 도움이 되는 강연을 동시다발적으로 기획한다. 그래서 카이스트의 세미나/행사 캘린더는 항상 다채로운 강연 프로그램으로 가득 차 있다. 즉 관심을 가지고 시간을 낼 수 있다면 각 분야 전문가들을 가까이서 접할 기회가 얼마든지 있다는 뜻이다.

카이스트 구성원의 소식을 들을 수 있는 채널도 다양하다. 수업 공지 등을 확인하기 위해 학교 포털에 로그인하면 학교 구성원의 연구 성과, 수상 소식, 다양한 분야에서의 활동 소식을 확인할 수 있다. 각 학과에서도 정기 뉴스레터를 통해 소속 교수와 학생, 졸업한 동문의 성취와 활약상을 소개한다. 구성원의 다양한 성공과 성취의 경험을 공유하여 카이스트인으로서 소속감과 자부심을 높인다. 그러나 이런 채널을 통해 접하는 이야기는 대부분 논문 게재나 발표, 수상 등 외부의 인정을 받은 뚜렷한 '결과'가 있는 경우다. 눈에 띄는 성과를 얻기까지의 어려움과 시행착오가 포함된 이야기도 가끔 있지만, '과정' 자체에 초점을 두는 경우는 많지 않다.

　이런 상황을 고려할 때, 학생들이 실패연구소에서 진짜 듣고 싶은 이야기는 성공담에 생략되어 있는 '과정'에 관한 내용일 터였다. 실패연구소로 보내온 질문과 의견을 읽다 보면 지금 학생들이 어떤 고민을 하고 있는지 짐작할 만한 단서가 보이곤 했다. '실패연구소를 통해 만나고 싶은 사람'을 묻는 질문에 대한 답변 중에는 '박사 학위를 따지 못하고 수료에 그친 사람', '학교나 전공을 잘못 선택해 방황하다가 길을 찾은 사람', '전공을 포기했지만 다른 분야에서 잘나가는 사람' 등이 있었다. 어떤 학생들은 '실패를 성공적으로 극복하지 못하고 여전히 실패에 머물러 있는 사람', '실패로부터 파생된 부정적 감정에 빠져 헤어 나오는 데 어려움을 겪은 사람'의 이야기를 다뤄달라는 의견을 보내기도 했다. 학생들은 다른 사람들도 본인과 비슷한 경험을 하는지, 이런 혼란과 고민을 다른 사람들은 어떻게 헤쳐 나가는지 궁금해했다.

　이에 실패연구소는 카이스트 구성원이 각자 학교생활에서 겪는 어려움이나 실패를 공유하며 그로부터 본인의 경험을 보다 넓게 이해하고 배움을 얻어 갈 수 있는 프로그램을 구체적으로 고민하기 시작했다. 그런데 '실패를 공유하자'라는 취지에 공감대를 형성하는 수준을 넘어 카이스트 학생, 교수, 직원에게 직접 본인의 실패 이야기를 꺼내주십사 요청하려니 걱정이 앞섰다. 사실 우리 대부분은 본인의 실패를 공개 석상에서 이야기해본 경험이 별로 없지 않은가? 그래서인지 누구에게나 열려 있는 장에 '실패'라는 주제를 던져놓았을 때, 사람들이 구체적으로 어떤 경험을 꺼낼지 그림이 잘 그려지지 않았다. 자칫하면 모두 다 이미 알지만 쉽게 바뀌기 힘든 학교의 여러 문제를 성토하는 대회가 되어버리거나, 삶의 구체적인 경험을 꺼내놓지 못한 채 실패의 식상한 교훈만 이야기하다 끝나버리지나 않을지 걱정이 됐다.

실패를 이야기하는 것이 익숙하지 않은 학생들에게 어떤 방식으로 접근하는 게 좋을지 고민하다가, 직접 의견을 들어보는 게 좋겠다 싶어 몇몇 학생 단체에 간담회를 요청했다. 다른 학생들과 접점이 많고 학교생활에 대한 이해도와 공감도가 높은 학생들이 직접 프로그램을 기획하면 더 낫겠다는 계산도 있었다. 그런데 학생회와 만난 날, 이 말에 잠시 얼어붙고 말았다.

"그런데, 실패는 성공했다는 알리바이가 있어야 할 수 있는 이야기 아닐까요?"

그 학생은 실패 공유 프로그램 아이디어를 처음 들었을 때, 카이스트 학생들에게 정말 필요한 일이라고 생각했다고 말했다. 최근 카이스트에 학부생 취업 스터디가 생겼다는 소식을 전하며 '카이스트 나오면 취업 걱정 없다'라는 건 이미 옛말이고, 학생들이 미래에 대한 불안 때문에 실패의 두려움이 큰 것이 현실이라고 덧붙였다.

그런데 학생들과 모여 어떤 실패 이야기를 공유할 수 있을지 고민하다 보니, 본인에게도 여러 가지 실패의 경험들이 떠오르기는 했지만 정작 공개적으로 나서서 이야기할 용기는 나지 않았다고 했다.

"아무래도 우리는 대부분 성공한 사람들의 이야기를 통해서 실패 이야기를 접하니까요. 저는 아직 학생이고 아직 이렇다 할 만큼 이룬 게 없어서, 제 실패를 꺼내 이야기하기가 부담스러운 것 같아요. 괜히 이야기했다가 다른 사람들이 저를 '실패한 사람'으로 보면 어쩌나 싶고, 제 실패를 곱씹다 보면 교훈을 얻기보다 오히려 '그래서 내가 안되는 건가' 좌절감이 들기도 하고요."

듣고 보니 정말 그랬다. 우리는 대부분 성공담을 통해 실패담을 접한다. 성공담이든 실패담이든 그 이야기는 사후적으로 재구성될 수밖에 없다. 성공담을 들려줄 수 있는 사람은 자신이 겪어온 오랜 시간 가운데 선택적으로 어떤 기억을 꺼내어 이야기를 재구성하는데, 성공담을 드라마틱하게 만드는 데 실패담만큼 효과적인 것이 없지 않은가. 돌이켜 보니 "많은 우여곡절이 있었으나 결국 이렇게 성공했습니다" 혹은 "이렇게 극복했습니다"라는 결론 없이 실패가 실패로 끝나는 이야기를 접해본 기억이 쉽사리 떠오르지 않았다.

이 학생의 이야기가 인상 깊었던 또 다른 이유는, 내가 대학원 시절 '사회적 무기력'을 주제로 청년 세대를 연구할 때 만난 청년들 이야기와 너무 닮아 있었기 때문이다. 당시는 청년 세대가 한국 사회를 자조하며 '헬조선'이라는 단어를 흔히 쓰던 시기였다. 나는 학교나 직장, 사회의 부조리와 문제를 잘 알면서도 그것을 바꾸려는 노력에 동참하거나 목소리를 내지 않는 청년들에게 그 이유를 직접 물었다. 가장 자주 들었던 답변 중 하나는 다음과 같았다. "그런 이야기를 하려면 자격을 갖춰야 하는데, 아직 저는 그런 말을 할 자격이 없어요."

그들은 한국 사회 노동 시장이나 입시 제도 등에 문제가 있다고 생각하지만, 좋은 직업이나 좋은 학벌을 갖추지 못한 상태에서 그런 문제를 제기하면, 경쟁에서 도태된 루저loser가 자기 처지에 불만을 토로하는 것으로 여겨질 가능성이 높다고 봤다. 그래서 내가 만난 많은 청년은 눈앞의 부조리에 관심을 끊고 더 좋은 회사, 더 높은 지위, 더 좋은 타이틀과 학위 등 자격을 갖추는 일에 계속 몰두했다.

그러나 이러한 인터뷰 사례가 쌓일수록, 학생들이 말했듯 더 좋은 자격을 갖추기만 하면 여러 사회 문제에 목소리를 내고 실패를 용기 있게 드러내는 사람이 되리란 전망에 점점 더 회의적인 입장이 되었다. 이른바 학벌 좋은 카이스트 학생도, 누구나 알 만한 회사에 다니는 직장인도 아직 충분히 이루지 못했다고 여기는 건 마찬가지였기 때문이다.

2장 실패 캠페인의 이상과 현실

사람들이 부러워할 만한 자격을 갖춘 뒤에도 그들은 여전히 실패를 말할 자격이 없다고 생각했다.

어떤 자격을 갖춰야 실패를 이야기할 수 있다면 대체 언제쯤 가능하단 말인가?

대관절 무엇이 실패란 말인가?

그렇다면 누구나 인정하는 성공을 거둔 사람은 어떤 입장일까?

1세대 벤처 사업가로 한국의 벤처 붐을 일으킨 장본인으로 평가받는 장병규 크래프톤 의장은 실패세미나 연사로 꼭 초청하고 싶었던 사람이었다. 그는 인터넷 연결 프로그램을 만든 '네오위즈', 검색 엔진 '첫눈', 게임사 블루홀 스튜디오(현 크래프톤), 벤처 투자 기업 '본엔젤스벤처파트너스' 등 창업한 기업마다 성공을 거두며 '벤처 신화의 아이콘'이자 '스타트업계 미다스의 손'으로 불렸다. 학부와 석박사 과정을 카이스트에서 보낸 동문이었고, 실패연구소에서 만나고 싶은 사람을 조사했을 때 실명 추천을 가장 많이 받은 인물이기도 했다. 무엇보다 그동안 수많은 인터뷰와 강연에서 시행착오의 가치를 인정하는 문화가 필요하다고 목소리를 내오던 사람이었기 때문에, 우리는 장병규 의장이 실패 세미나에 가장 적합한 인물이라고 생각했다.

하지만 정성 들인 섭외의 결과는, 실패였다. 장병규 의장은 간결하고도 정중하게 거절 의사를 보내왔다. 아쉬움도 잠시, 짧은 메일에 담긴 그의 경험담이 내 눈길을 끌었다.

"아무래도 제가 어울리는 연사는 아닌 것 같습니다. 저도 나름의 실패를 했다고 저 스스로는 생각합니다만, 다수 사람들의 눈높이로는 제가 그렇게 보이지 않는 느낌을 많이 받았고, 실제로 '실패해본 경험이 있는가?'라는 타인의 질문에 제가 이런저런 답변을 해봐도 충분히 공감하는 눈치가 아니었습니다. 이런 경우에는 강연 준비도 쉽지 않아서, 아무래도 힘들다고 말씀드리는 것이 맞겠습니다."

의외의 답변이었다. 그러나 그의 고민이 무엇인지는 충분히 짐작할 수 있었다. 실패연구소 역시 종종 비슷한 말을 듣곤 했기 때문이다. 실패연구소 소식이 가끔 언론에 소개

되면 매번 비슷한 패턴의 댓글이 달렸는데, 그중 하나가 '카이스트 학생과 교수라면 우리나라에서 가장 성공한 사람인데, 당신이 진짜 실패를 아느냐' 유의 반응이었다.

카이스트를 졸업한 학생이 사회에서 성공이라고 여겨지는 지위, 돈, 좋은 직업 같은 결과를 얻을 확률이 높은 것은 아마 사실일 것이다. 그렇다고 해서 이들이 실패를 겪지 않는다는 의미는 아니다. 다른 관점에서 보면 카이스트 학생은 오히려 더 경쟁적이거나 도전적인 환경에 놓일 가능성도 높고, 그래서 실패를 경험할 가능성 또한 더 높다고 볼 수 있다. 홈런왕이라고 삼진과 헛스윙, 땅볼과 플라이 볼이 아예 없지는 않지 않은가.

우리는 흔히 성공과 실패를 객관적인 기준, 예를 들어 성적, 직업, 사회적 지위 등을 통해 판단하려는 경향이 있다. 그러나 개인이 무엇을 실패로 여기는가는 저마다의 목표와 가치, 그들의 상황에 따라 언제든 달라질 수 있다. 그렇기에 "성공한 혹은 성공했다는 이미지를 가진 사람들은 실패를 말할 자격이 없다"라거나 "당신이 말하는 실패는 실패라 말할 수 없을 정도로 사소하다"라고 말하는 것은 우리가 실패에서 배울 수 있는 다양한 가능성을 지나치게 축소하는 결과를 가져온다.

　사실, 메일에 미처 밝히지는 못했지만 장병규 의장을 섭외하고 싶었던 이유가 하나 더 있었다. 그가 카이스트에서 박사 과정을 '수료'한 사람이라는 점이었다. 카이스트 구성원을 대상으로 실패연구소를 통해 만나고 싶은 사람을 묻는 조사에서 적지 않은 학생들이 '박사 수료한 사람'이란 답변을 제출했다. 한두 명이 이 답변을 써냈을 때에는 다양한 의견 중 하나라 생각했는데, 전체 조사 결과를 집계해보니 비슷한 답변을 써낸 사람이 열댓 명이 넘었다. 소수 의견으로 치부하기에는 꽤 의미 있는 숫자였다.

　'박사 수료한 사람'은 박사 과정을 시작했으나 끝내 학위를 받지 못하고 과정을 마친 사람을 뜻한다. 그런데 왜 카이스트 학생들은 이들을 실패연구소에서 만나고 싶어 했을까? 조사 결과를 보고 가장 먼저 들었던 생각은 현재 석박사 과정을 밟고 있는 학생에게 '학위를 따지 못하는 것'이 그들이 상상할 수 있는 실패 중 가장 영향력이 크고 두려운 것일 수 있겠다는 점이었다.

　실제로 한 학생은 학위 과정 내내 '졸업을 못 하는 것'이 두려웠고 그것이야말로 자신이 떠올릴 수 있는 가장 전형적인 실패의 모습이라고 했다. 그는 박사 논문 심사가 이미 끝났는데도 자신의 논문이 게재 취소되어 결국 졸업하지 못하는 악몽을 며칠 전에도 꿨다고 했다. 그도 그럴 것이 카이스트의 대부분 학과는 학위를 위해 요구하는 논문 실적 등 자격 요건이 높고, 그래서 각자 상당한 시간과 노력을 쏟아야 한다. 한창일 나이에 모든 에너지를 쏟아부은 일이 이렇다 할 성과 없이 끝난다면 대단한 실패로 여겨질 법도 했다.

그런데 또 한편으로는 실제로 박사 수료에 그치고 학교를 떠난 사람들이 과연 그것을 '실패'라고 여길까? 하는 의문도 들었다. 개인차가 있겠지만 시간이 흐른 후에는 굳이 실패로 여기지 않는 사람도 꽤 있을 것 같았다. 박사 과정을 끝까지 마치지 않은 데에는 저마다 다양한 이유가 있을 것이다. 더 오랜 시간을 쏟을 만큼 박사 학위가 중요하지 않다고 판단했을 수도 있고, 더 중요한 기회가 찾아왔을 수도 있다. 이민이나 출산 등 미처 예상하지 못한 사건이 벌어졌을지도 모른다. 수료를 결정한 당시에는 정말 큰 실패라고 여겼지만 지금은 전화위복이었다고 여기는 사람도, 반대로 당시엔 실패로 여기지 않았지만 살다 보니 그 선택을 두고두고 후회하는 사람도 있을 것이다. 분명한 것은, 수료에서 그만하겠다는 결정이 적어도 그 시점에서 각자 할 수 있는 최선의 선택이었을 것이라는 점이다. 그것이 자의든 타의든 간에.

만약 장병규 의장을 실패세미나 연사로 모시면 '박사 수료에 그친 것을 실패라고 여기는지', '박사 수료를 곧 실패라고 여기는 대학원생에게 어떤 이야기를 들려주고 싶은지' 꼭 물어보고 싶었다. 장병규 의장이 박사 과정생 시절 무슨 생각을 했는지, 그 후에 무슨 생각을 했는지 들어보면 대학원이라는 세계에 갇혀 있는 학생들이 다른 입장과 시간적 프레임으로 현재를 바라볼 수 있을 것 같았다. 그리고 박사 수료를 인생의 실패로 느끼는 학생들에게 박사 수료에 그쳤는데도 자신의 길을 만들어내며 성공한 사례를 보여주고 싶기도 했다.

'무엇이 실패인가'라는 질문에는 '누구의 기준으로', '언제', '어떤 상황에서'라는 전제와 맥락이 생략되어 있다. 같은 사건이라도 어떤 입장에서 바라보는지, 어떤 시간적 프레임에서 바라보는지에 따라 실패로 여겨질 수도 있고 그렇지 않을 수도 있다. 승자와 패자가 명확히 갈리는 스포츠나 경연 등에서는 실패가 명확하게 드러나지만, 그 외의 맥락에서 우리가 실패라 여기는 많은 일은 상당히 주관적이고, 때로 상대적이며, 나중에 의미가 달라지기도 한다. 그러므로 실패는 고정된 개념이 아니라 유동적이고 다층적인 경험으로 이해되어야 한다.

실패의 가치를 다시 들여다보고 유용한 교훈을 찾아내는 일에서 무엇이 진짜 실패인지 따지는 것이 무의미한 이유다.

과정적 실패 발굴의 어려움

실패를 잘한 사람에게 상을 드립니다

카이스트는 2024년부터 매년 개교기념일에 실패한 사람에게 상을 수여한다. 이 실패상은 카이스트 학생, 교수, 직원이 대상이며, 연구, 교육, 행정, 창업 분야에서 도전적인 시도를 해 성과를 내지는 못했으나 의미 있는 교훈을 얻은 사람에게 주어진다. 수상자에게는 카이스트 총장 명의의 표창장과 함께 상금 수백만 원이 지급된다.

도전 과정에서의 실패는 그 자체로 귀중한 경험이다. 이상은 비록 실패했더라도 그 도전의 가치가 높거나 당사자뿐 아니라 다른 사람에게 주는 교훈의 가치가 큰 사례를 발굴해, 도전과 실패의 가치를 인정하고 격려하기 위해 만들어졌다. 이러한 포상 제도를 마련함으로써 카이스트 구성원이 실패를 부끄러워하지 않고 오히려 자랑스럽게 여길 수 있기를, 나아가 실패의 두려움 없이 도전하는 문화를 만드는 데 도움이 되기를 기대했다.

다른 기업이나 기관에서도 실패를 포상하거나 격려하는 사례가 있어왔다. 실패한 프로젝트를 모은 저장소를 별도 운영할 정도로 실패에 진심인 엑스 디벨롭먼트x Development(전 구글 엑스)에서는 실패한 프로젝트의 팀 구성원에게 책임을 묻는 대신 보너스와 다음 프로젝트를 구상할 휴가를 준다는 사실이 알려져 화제가 됐다. 본인이 진행한 프로젝트를 실패라고 인정한 팀원들은 성공하지 못했다는 책임을 지는 게 아니라 안될 프로젝트를 빨리 끝낸 용기에 박수를 받는다. 이는 엑스 디벨롭먼트가 구글 내에서도 실패할 확률이 높은 도전적인 연구 프로젝트를 주로 맡아 하는 곳이기에 가능한 발상이다.

일본 기업 혼다는 한 해 동안 가장 크게 실패한 연구원에게 '올해의 실패왕'을 수여하며 약 1000만 원에 달하는 상금을 지급한다. 핀란드 게임 회사 슈퍼셀Supercell은 직원들이 프로젝트에서 실패했을 때 실패에서 배운 게 있으니 축하하고 기념하자는 의미로 샴페인 파티를 연다. 모바일 게임 클래시 오브 클랜Clash of Clans으로 글로벌 시장에 이름을 알린 이 기업은 도전을 장려하는 특유의 조직 문화를 기반으로 창업 6년 만에 세계적인 수준의 게임 기업 반열에 올랐다.[3] 수많은 기관에서 실패를 포상하는 이유는 분명하다. 실패에 접근하는 방식을 바꾸어 실패를 두려워하지 않고 혁신적인 아이디어에 마음껏 도전하는 조직 문화를 만들기 위해서다.

카이스트 실패상 역시 분명 취지는 좋았다. 하지만 실제 운영은 예상보다 훨씬 어려웠다. 당장 실패상 후보를 추천받는 일부터 난항을 겪었다. 우리는 전체 구성원에게 본인이나 주변에서 커다란 도전을 했지만 실패한 사례를 추천해달라고 공지했다. 더불어 각 분야에서 카이스트 구성원이 도전하는 과정을 가까이에서 볼 기회가 많은 업무 담당자들에게 일일이 전화를 돌려 추천을 요청했다. 모두 실패상의 취지에 공감과 응원을 보내며 추천할 만한 인물을 찾아보겠다고 약속했지만, 접수된 추천서의 양은 기대에 미치지 못했다.

가장 큰 이유는 여전히 실패를 부정적으로 보는 인식 때문일 터였다. 실패연구소도 만들고 실패 포상 제도까지 만들어가며 실패에 대한 인식을 바꾸기 위해 여러 노력을 하고 있지만, 평생 성공 지향적 문화 속에서 실패를 숨기는 게 미덕이라 믿으며 살아온 사람들의 인식이 하루아침에 바뀔 리 만무했다.

어떤 사람은 실패상을 받더라도 수상 사실을 이력서에 쓰지 않을 것 같다고 말하기도 했다. 실패를 이유로 상을 받는 것이 자랑스럽지 않다는 의미였다. 실패로 상을 받으면 오히려 부정적인 이미지가 생길지 모른다는 우려도 있었다. 누군가의 실패를 추천하는 일도 조심스러웠다. 공개적으로 실패한 사람으로 추천된 사람이 불쾌해할 수 있었기 때문이다.

또 다른 난관은 최종 수상자로 누구를 선정할 것인가였다. 실패상을 주기 위해 추천과 선정의 과정을 진행하는 동안 실패연구소 실무자와 평가 위원들은 '상을 주기에 마땅한 좋은 실패란 무엇인가?'라는 질문을 두고 계속 고민해야 했다. 결과적으로 성공하거나 뚜렷한 성과가 없는, 실패 그 자체의 의미로 경험의 우열을 평가하는 일이 생소하면서도 혼란스러웠다.

좋은 실패의 기준은 뭘까?

몇 가지를 생각해볼 수 있다. 첫째, 성공하지 못했더라도 도전할 만한 가치가 있는 목표를 시도했는가. 둘째, 실패에서 얻은 교훈이나 실패를 극복한 경험이 개인의 성장에 의미 있는 기여를 했는가. 셋째, 도전의 가치나 실패의 교훈이 개인의 수준을 넘어 다른 사람에게도 긍정적으로 영향을 미칠 만한가. 마지막으로, 결과는 실패로 끝났으나 목표에 충실히 성실하게 임했는가.

구체적인 실패 경험이 담긴 추천서를 놓고 심사를 진행해보니 평가 위원들 간에도 좋은 실패를 보는 관점과 의견이 분분했다. 사전에 평가의 구체적인 방향이나 기준을 논의하거나 후보자들에 대한 의견을 교환할 수 있는 충분한 시간이 주어졌다면 조금 나았겠지만, 실패상을 제정한 첫해에는 이런 상황을 미처 예상하지 못했고 단시간에 수상자를 선정해야 해서 혼란이 더 컸다.

그러나 논의 기간이 충분히 주어졌다고 해도 수상자를

공정하고 일관성 있는 기준으로 선정하기란 쉽지 않았을 것 같다. 무엇이 더 좋은 실패인지는 한두 페이지에 정리된 추천서만으로는 평가가 불가능하기 때문이다. 도전이나 교훈의 의미는 상당 부분 주관적 판단과 해석에 따라 부여된다. 결과나 성과가 아직 나오지 않은 상태에서 도전의 가치나 영향력을 객관적으로 평가하기란 쉽지 않다. 더구나 카이스트 실패상의 경우, 후보자들의 소속, 직위, 분야 등이 다양하고 그들이 제출한 실패 사건의 시도나 도전의 성격이 제각각이다 보니, 그 안에서 무엇이 더 좋은 실패인지 가려내는 것이 과연 타당한가 하는 의문이 들었다.

결과 중심적 사고가 기억의 왜곡을 낳는다

실패연구소가 하는 일 중 하나는 구성원의 실패 에피소드를 다양한 방식으로 수집하고 그중 교훈을 얻을 만한 이야기를 발굴해 다른 구성원과 공유하는 것이다. 이 이야기를 하면, 실패연구소가 1000번이 넘는 실패 끝에 전구를 발명한 토머스 에디슨 같은 과학 기술 연구자의 사례를 축적하고 있을 것이라는 기대를 내비치는 사람도 있다.

실제로 대부분의 과학 연구는 문제를 정하고 가설을 세우고 검증하는 과정에서 수많은 시행착오를 거쳐 완성된다. 5126번의 실패 끝에 현재 진공청소기의 핵심 기술을 개발한 다이슨처럼, 유용한 기술과 제품은 새로운 접근을 시도하고 문제를 개선하는 과정을 반복한 결과물이다. 그런데 외부로 알려진 극소수 사례 외에 과정적 실패의 교훈을 쓸모 있는 지식의 형태로 정리한 것은 찾아보기 힘들다.

이런 이유로 실패연구소는 수많은 과정적 실패를 거쳐 의미 있는 결과에 이르는 사례를 발굴하여 기록하고 분석하려는 노력을 기울이고 있다. 적당한 사례를 찾는 것부터 쉽지 않아, 카이스트 구성원을 대상으로 한 실패 에세이 공모전이나 전문가를 대상으로 한 칼럼이나 강연을 요청할 때, 가능하다면 과학적 연구나 프로젝트 진행 과정에서의 시행착오와 실패 에피소드를 공유해달라고 부탁한다. 새로운 것을 시도하고 실험하는 과정에서 어떤 시행착오를 겪었는지, 그 과정에서 당면한 문제에 어떻게 대처하고 그것을 해결했는지 구체적인 이야기를 발굴하고 기록하려는 의도에서다.

그러나 아무리 '과정'을 강조해도 사람들이 제출한 실패 사례들에서는 과정적 실패가 잘 드러나지 않았다. 실패는 '결과가 아니라 과정'이라고 주장하는 사람조차 막상 본인의 실패 경험을 이야기해달라고 요청하면 과정에서 일어난 실패보다 명확한 결과로 이어진 실패를 꺼내놓는 경향이 뚜렷했다. 예를 들어 입시에 실패해 재수를 했다거나, 사업 실패로 경제적 어려움에 빠졌다거나, 미처 예상치 못한 문제가 생겨 과제를 제출하지 못했다거나 하는 것이었다. 이러한 실패들은 결과가 뚜렷하여 그 결과에 어떻게 의미를 부여하고 교훈을 얻는지를 살펴보는 데에는 유용했다. 하지만 어떤 일을 진행하는 과정에서 나타난 시행착오와 실패가 어떤 방식으로 그다음의 과정과 결과에 기여했는지에 대한 배움을 발견하기란 힘들었다.

과정적 실패를 발굴하고 기록하려 했던 이유는 그 경험들이 체계적으로 정리되었을 때 소중한 지식 자산이 될 수 있다고 생각했기 때문이다. 과학적 연구뿐 아니라 새로운 무언가에 도전하는 많은 일은 성공에 이르기까지 수많은 실패와 시행착오가 필연적이다. 만약 사람들이 그 과정에서 어떤 시행착오를 겪었고 어떻게 극복했는지, 어떤 교훈을 얻었는지를 체계적으로 기록하고 공유한다면, 비슷한 종류의 연구나 프로젝트에 도전하는 사람들에게 귀중한 참고 자료가 되고 불필요한 시행착오를 줄이는 데 분명 도움이 될 터였다.

그런데 과정적 실패는 왜 발굴하기 어려울까? 돌이켜 보면 사후 회고 방식에 기대어 과정적 실패를 발굴하려 했던 것이 가장 큰 패착이 아니었을까 싶다. 연구 과정에서 실수, 계산 착오, 변수 예측 실패, 미숙한 조작 등이 비일비재하지만, 사람들은 그것을 일일이 '실패'로 규정하기보다 그냥 지나가는 사건이라 생각한다. 진행하면서 이런저런 문제가 발생했어도 결과적으로 프로젝트가 잘 마무리되면 과정상 실수들은 쉽게 잊히거나 중요하지 않은 것으로 간주된다. 특히 그 결과가 성공적이라면 그것을 중심으로 지난 과정을 일관되게 재구성하려는 경향이 있다. 그 과정에서 실패는 축소되거나 숨겨진다.

최종적으로 가설 검증에 성공한 연구 결과만을 저널에 실어주는 연구 출판 관행, 성공적으로 마무리한 결과를 나열하는 실적 보고서와 이력서 쓰기 문화 등은 자연스럽게 우리를 결과 중심적으로 사고하게 만든다. 우리가 채워야

하는 여러 양식에는 과정적 실패를 주목하고 기록할 공간
이 존재하지 않는다. 일부 연구 노트를 꼼꼼히 쓰거나 프로
젝트 회고 내용을 정기적으로 남겨두는 집단이 있긴 하지
만, 대부분 연구나 프로젝트 과정에서 시행착오나 의미 있
는 경험을 체계적으로 기록하지 않는다. 기록이 불충분하
니 전체 프로젝트 과정을 재구성하기가 어려워지고, 이는
기억의 왜곡으로 이어진다.

실패의 수많은 의미

실패와 우리 사이에는 오해가 있다

당신은 실패가 무엇이라 생각하는가?

지금 바로 머릿속에 떠오르는 실패의 정의를 한번 써보길 바란다.

이제, 다음 질문에도 한번 답해보길 바란다.

• 지난 일주일간 당신이 일상생활에서 '실패'라 여길 만한 일
  은 무엇인가?

- 내 인생의 가장 큰 실패는 무엇이었나?
- 실패해도 괜찮은 경우와 실패하면 큰일 나는 경우는 어떻게 다른가?
- 카이스트는 왜 실패연구소를 만들었을까?

위에서 서술한 각각의 대답에서 '실패'의 의미는 무엇인가? 각각의 질문에서 떠올린 실패의 이미지가 같은가? 아니면 다른가?

국어사전에서 실패를 찾아보면 "일을 잘못하여 뜻한 대로 되지 않거나 그르침"이라고 나온다. 그러나 우리가 삶에서 '실패'라고 여기는 경험은 그렇게 간단하지 않다. 훨씬 다양하고 다층적일뿐더러 객관적이기보다 주관적 평가에 따르는 특성이 나타난다.

실패연구소에서 카이스트 구성원을 대상으로 각자가 생각하는 실패의 정의를 물어본 적이 있다.[4] 학생, 교수, 직원을 포함해 753명이 각자 나름의 정의를 작성해 제출한 것을 분석하고 유사한 개념군을 도출한 결과, 개념군 열세 개가 도출됐다. 응답자의 3분의 1은 실패를 '결과'로 보는 관점에서, 또 다른 3분의 1은 '과정'으로 보는 관점에서 실패를 정의했고, 나머지는 실패의 독특한 속성에 기초해 실패를 정의했다. '도전의 증거', '인생에서 피할 수 없는 것', '주관적이고 상대적인 평가', '개인적 의미 부재' 등이 실패의 속성으로 언급됐다.(자세한 내용은 83~84쪽 참고) 이렇게 사람들이 '실패'라는 단어에서 떠올리는 맥락과 속성이 제각각이라는 것은 구체적인 맥락을 정하지 않고 '실패'를 이야기할 때 의사소통에 혼란이 생길 수 있음을 암시한다.

　　실패의 가치를 긍정하는 대부분의 이야기는 '실패'를 돌이킬 수 없는 결과로 보기보다 성공을 향해 가는 과정으로 여긴다. 여기에서 이야기하는 실패는 사실상 '시도'나 '실험' 혹은 '도전'의 의미에 가깝다. 무엇보다 어떤 일을 해야 하는 자기만의 이유와 목표가 분명한, 즉 내적 동기에 의해 움직이는 인간을 암묵적으로 가정한다. 실패에서 배워 성공에 가까워지려면 실패나 시행착오가 있더라도 목표를 지속해나가는 힘이 필요하기 때문이다. 실패의 가치를 긍정하는 대부분의 명언, 성공한 사람의 실패 이야기는 대체로 이런 관점과 구조를 취한다.

　　반면 실패연구소가 각종 창구를 통해 카이스트 학생들

에게 받는 질문과 의견 등에는 실패를 '돌이킬 수 없는 결과'로 보는 경향이 두드러졌다. 그들은 학과 시험, 진학과 취업, 논문 투고 등에서 이미 일어난 실패 혹은 앞으로 일어날지 모르는 실패로 인한 부정적 감정 상태를 해결하는 법을 궁금해했다. 특히 우리가 사회적으로 성공이라 여기는 외적 보상, 즉 좋은 직장이나 지위, 경제적 성공 등을 얻지 못할지도 모른다는 불안감이 '실패의 두려움'과 동의어로 자주 언급됐다.

'실패는 성공을 위한 디딤돌'이라거나 '빠르게 실패하자' 같은 구호에 회의적인 반응을 보이거나, 학교에서 요구하는 기준을 충족하는 것만으로도 벅찬 상황에서 '새로운 것에 도전하라'라는 요구를 어떻게 받아들여야 할지 난감해하는 학생을 꽤 자주 만났다. 남들이 가지 않은 새로운 길, 하고 싶은 일을 선택했다가 경쟁에서 밀려나거나, 남들이 인정하는 성공에 늦게 도달할까 봐 불안이 앞서는 학생에게 '실패해도 괜찮다', '새로운 일에 도전하고 실패에서 배우라'라는 메시지는 듣기엔 그럴듯해도 현실에서 실천하기는 어려운 말인 듯 보였다.

실패를 어떻게 정의할 것인가

실패를 어떤 일의 '결과'로 보는 관점
• 계획, 목표, 원하는 바, 예상한 결과, 기준, 기대, 의도를 달성하지
  못함
• 결과에 대한 주관적 평가: 결과에 만족하지 못함, 목표는 이루었으
  나 부정적 결과
• 결과의 파급 효과
  - 기회와 자원의 상실: 기회 상실, 에너지 소진, 재도전 포기
  - 부정적 감정 상태: 실망, 자기 의심, 자존감 상실, 좌절감, 의욕 상실,
    후회와 아쉬움

실패는 '성공 혹은 성장을 위한 과정'이라는 관점
• 피드백, 객관적 평가의 기회, 시행착오를 통한 성공에 가까워지는
  과정
• 배움, 성장, 발견의 경험, 그러므로 실패에서 아무것도 얻지 못하는
  것이 진짜 실패
• 새로운 변화의 시작점
  - 과제 유지: 과업 재정비, 목표 재설정, 계획 수정
  - 과제 전환: 다른 것을 시도, 또 다른 기회, 새로운 시작 등 터닝 포인

트 제공

실패의 속성에 관한 다양한 생각들
- 시도와 도전의 증거: 도전하지 않는 것이 진정한 의미의 실패
- 불가피성: '언제든 경험할 수 있는', '빈번한', '당연한 듯 반복되는'
- 주관성과 상대성: 실패는 주관적 평가, 마음먹기에 달린 것, 상대적인 것
- 양가성: 과유불급, 사회적으로 권장되는 동시에 용인되지 않는 것
- 의미 추구의 실패: 좋아하는 일을 못 찾는 것, 원하지 않는 일을 계속하는 것

'실패'를 연구하는 곳이다 보니 실패연구소 구성원은 이런저런 행사에 참석해 실패에 대해 이야기해달라는 강연이나 인터뷰 요청을 종종 받는다. 학생과 학부모, 창작자와 혁신가, 교육자, 대기업 리더와 실무자, 소상공인, 군인과 공무원, 연구자와 정책가 등 그 대상도 매우 다양하다. 평소 실패를 진지하게 고민하거나 생각하는 사람은 많지 않겠지만 '실패'를 겪지 않는 조직이나 개인은 없기에, 강연 기획 실무

자들이 대상이나 맥락과 상관없이 '실패'는 흥미롭고 연관성 높은 주제라고 여기는 것 같다.

그런데 막상 강연을 준비하는 입장에서는 매번 이렇게 다양한 삶의 맥락에 놓여 있는 사람들에게 실패에 대해 이야기하기가 쉽지만은 않다. 다루는 내용은 비슷해도 참석자가 누구인지, 그들이 당면한 실패의 이슈와 주로 경험하는 실패의 모습을 파악해 강연 전달 방식이나 사례 등을 다듬어야 한다. 구체적인 맥락을 고려하지 않고 '실패'를 이야기하면 의도나 메시지가 제대로 전달되지 않을 확률이 높다는 것을 나 역시 시행착오를 거치며 조금씩 깨달았기 때문이다.

우리 모두는 삶에서 여러 실패를 경험하고, 대부분의 사람은 자신이 실패를 잘 안다고 생각한다. 바로 이 지점이 '실패'를 커뮤니케이션하는 일의 가장 큰 어려움이다. 흔히 실패라고 하면 시험에서 목표로 삼은 점수를 얻지 못하거나 원하는 대학이나 직장에 들어가지 못한 것을 떠올리기 쉽다. 하지만 자세히 들여다보면 일상 업무에서 발생하는 사소한 실수부터 대인 관계에서 발생하는 의사소통 실패, 안전 사고나 경제적 파산에 이르는 치명적인 실패까지 다양한 상황이 존재한다. 이렇듯 실패는 다양한 맥락과 스펙트럼을 가지고 있다. 그래서 여럿이 모여 실패를 이야기할 때 종종 오해가 생기기도, 얼굴을 붉히는 상황이 생기기도 한다.

　장면 하나.
　행정안전부 실패박람회 프로그램의 일환으로, 실패연구소와 행정안전부가 공동 주최한 재도전포럼 행사에서 우리가 강조한 슬로건은 '실패해도 괜찮아'였다. 실패를 두려워하지 않고 도전할 수 있는 용기를 북돋움으로써 청년을 포함한 여러 사회 구성원이 새롭고 다양한 일에 도전할 수 있도록, 이를 통해 개인과 사회 모두 활력을 되찾을 수 있기를 바라는 마음을 담았다.
　행사를 마친 후, 한 자문 위원이 연락을 해왔다. 그는 실패한 소상공인의 재기를 지원하는 기관의 대표였는데, 그날 행사 사진을 페이스북에 공유했더니 그 기관의 지원을 받는 한 소상공인이 역정을 냈단다. 그는 "'실패해도 괜찮아'라는 말을 그렇게 함부로 해서는 안 된다"라며, 실제로 본인이 사업에 실패해보니 예상보다 훨씬 고통스러웠다고 말했다고 한다. 경제적 손실은 물론 정신적 스트레스도 심각했고 주변 사람과의 관계에도 영향을 미쳤다고 토로했다고. 이렇게 실패가 치명적인데, 청년에게 '실패해도 괜찮아'라고 가볍게 말하는 것은 어른으로서 무책임한 행위라고 주장했다는 것이었다.

장면 둘.

최첨단 기술과 혁신의 상징 실리콘 밸리에서는 "빠르게 실패하고 빠르게 배워 성공하자"라는 말이 한동안 유행했다. 빠른 기술 발전 속도와 급변하는 비즈니스 환경에서 처음부터 완벽한 제품과 서비스를 내놓기보다, 아이디어를 구현할 수 있는 최소한의 제품을 먼저 만들어 현실에서 테스트하고 그로부터 얻은 데이터를 개선에 활용하는 전략이다. '지능적 실패'라 하기도 하는데, 이는 전략적으로 계획되고 학습을 목적으로 한 실패로, 새로운 시도를 통해 얻은 교훈과 데이터에 초점을 둔다. 왜냐하면 시도하고 실패해보는 것이 불확실성을 최소화하는 가장 좋은 전략이기 때문이다.

그런데 기업 실무자나 공무원을 대상으로 한 강연에서

이런 내용을 이야기하면 유독 표정이 복잡해 보이는 사람들이 눈에 들어온다. 안전이나 보안, 재무나 회계 업무를 담당하는 직원이 특히 그렇다. 그들의 업무는 작은 실수나 실패만으로 사업 및 전체 조직에 치명적인 영향을 미칠 수 있는 것이기 때문이다. '빠르게 실패하라'는 혁신과 창의성이 필요한 분야에서는 유효할 수 있지만 위험을 최소화해야 하는 분야에서는 받아들여지기 힘든 구호다.

이처럼 상황이나 맥락에 따라 실패는 의미나 가치가 달라진다. 실패의 다양한 스펙트럼을 고려하지 않은 채 전달되는 실패 캠페인의 메시지가 종종 공허한 구호에 머무르는 이유다.

'나'는 실패가 쓸모 있다고 생각하지만 '사회'는 실패를 받아주지 않는다

2024년 10월, 실패연구소는 창립 3주년을 맞아 도전과 실패에 관한 대국민 인식 조사를 실시했다. 한국인이 실패를 어떻게 인식하고 있는지, 실패와 도전을 대하는 태도가 어떠한지 등 전반적인 인식의 지도를 그려보려는 취지였다.

그런데 조사 결과가 흥미로우면서도 조금 당황스러웠다. 3년 내내 '실패 인식 개선'이라는 목표를 홈페이지 대문에 써놓았던 실패연구소 구성원들의 예상과 달리, 응답자들은 이미 실패를 상당히 긍정적으로 평가하고 있는 것처럼 보였기 때문이다.

조사 결과에 따르면 실패가 '성공에 도움이 된다'에 동의한 사람(73.5퍼센트)이 '실패가 성공의 장애물'(26.5퍼센트)이라 응답한 사람의 두 배를 넘었다. 큰 성공을 위해서는 실패를 최소화하기보다(42.8퍼센트) 작은 실패를 감수해야 한다(57.2퍼센트)고 생각하는 사람이 더 많았고, 실패의 경험은 가능한 한 숨기는 것이 좋다(26.2퍼센트)고 생각하는 사람보다 공개적으로 공유하는 것이 좋다고 생각하는 사람(73.8퍼센트)이 훨씬 많았다. 실패의 두려움조차 긍정하는 경향이 나타났는데, 실패의 두려움이 철저한 준비를 하게 한다는 시각(75.2퍼센트)이 혁신의 장애물(24.8퍼센트)이라는 부정적 시각을 압도했다.

그런데 한국 사회 전반의 실패에 대한 태도를 묻는 질문에는 반대되는 결과가 나왔다. 응답자의 77.2퍼센트가 '한

2장 실패 캠페인의 이상과 현실

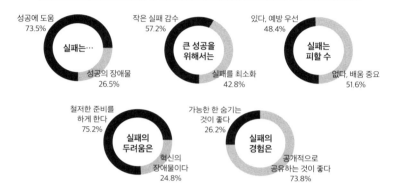

실패에 대한 태도
(도전과 실패에 관한 대국민 인식 조사, 2024년 10월, 카이스트 실패연구소)

성공에 도움
73.5%
실패는…
성공의 장애물
26.5%

작은 실패 감수
57.2%
**큰 성공을
위해서는**
실패를 최소화
42.8%

있다, 예방 우선
48.4%
**실패는
피할 수**
없다, 배움 중요
51.6%

철저한 준비를
하게 한다
75.2%
**실패의
두려움은**
혁신의
장애물이다
24.8%

가능한 한 숨기는
것이 좋다
26.2%
**실패의
경험은**
공개적으로
공유하는 것이 좋다
73.8%

국 사회가 실패에 관대하지 않은 사회'라고 응답했고 '한국 사회는 한 번 실패하면 낙오자로 인식된다'라는 데 58.2퍼센트가 동의했다. 실패해도 재도전 기회가 있다고 보는 시각이 존재하지만(58.4퍼센트) 동시에 실패자에게 찍히는 사회적 낙인을 우려하는 시각이 공존하고 있는 것이다.

특히 한국 사회 구성원의 태도가 전반적으로 어떻다고 인식하는지 묻는 질문에서 이런 현상이 뚜렷이 드러났다. 한국 사회 구성원이 아무도 해보지 않은 일에 도전하는 사람을 '존중하고 지원'하기(35.6퍼센트)보다 '무모하다고 여기고 무시'하는 경향(64.4퍼센트)을 보이며, '실패를 성장과

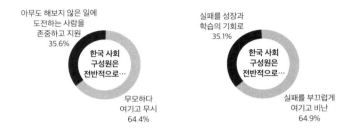

한국 사회 전반의 실패에 대한 태도
(도전과 실패에 관한 대국민 인식 조사, 2024년 10월, 카이스트 실패연구소)

아무도 해보지 않은 일에
도전하는 사람을
존중하고 지원
35.6%

한국 사회
구성원은
전반적으로…

무모하다
여기고 무시
64.4%

실패를 성장과
학습의 기회로
35.1%

한국 사회
구성원은
전반적으로…

실패를 부끄럽게
여기고 비난
64.9%

학습의 기회로' 보기(35.1퍼센트)보다 '부끄럽게 여기고 비난'(64.9퍼센트)한다고 본다는 인식이 훨씬 우세했다.

종합하자면 개개인은 실패를 수용하는 태도를 보이지만, 한국 사회 구성원은 전반적으로 여전히 실패를 부정적으로 인식할 것이라고 여긴다는 뜻이다.

이러한 괴리는 실패에 대한 인지와 현실의 간극을 보여준다. 머리로는 실패가 성장과 학습의 기회이며 이를 공유하는 행위가 가치 있다고 이해하지만, 실제로는 타인의 시선과 사회적 낙인을 우려해 도전을 주저하고 실패를 숨긴다. 이는 응답자의 74.1퍼센트가 평소 실패를 막연히 두려워하며 63.3퍼센트가 실패가 두려워서 도전을 포기한 적이 있다고 답한 것에서도 확인된다.

심리학에서는 한 사람의 행동을 개인의 특성과 상황의 함수로 정의한다. 이 관점에서 보면 한국인이 실패와 도전을 대하는 방식은 개인의 지식이나 성향보다 사회 문화적 맥락과 타인의 시선이라는 '상황'에 더 큰 영향을 받고 있다고 볼 수 있다.

　　도전과 실패에 관한 대국민 인식 조사 결과를 살피며 실패의 교훈을 직접적으로 전달하는 방식의 캠페인이 더 이상 효과적이지 않을 수 있겠다는 생각을 재차 하게 됐다. 우리는 이미 실패의 유용성을 머리로는 잘 알고 있다. 필요한 것은 인식과 문화의 변화다. 실패를 용인하고 다양성과 도전을 지지하며 재도전 기회를 보장하는 사회, 그것이 그럴듯한 수사나 공허한 제도 도입에 그치지 않고 학교에서, 직장에서, 사회에서 주변 사람의 말과 행동을 통해 체감될 때, 머릿속으로 알고 있는 실패의 유용성을 제대로 실천할 수 있지 않을까?

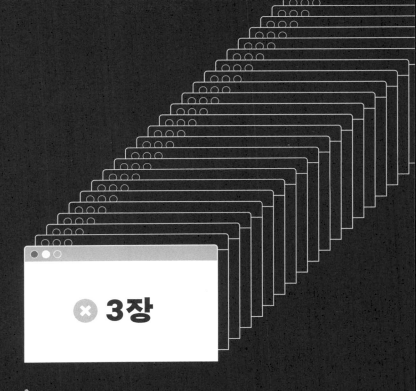

3장

⋮

새로운 도전을
방해하는
진짜 문제

도전 권하는 사회,
실패에 주목하는 이유

왜 '도전'이 아니라 '실패'연구소인가?

"실패연구소가 하는 일을 자세히 들어보니 '실패연구소' 이름을 바꾸는 것이 좋겠어요. '도전연구소'라든가 '더큰성공연구소' 혹은 '회복탄력성연구소' 같은 것도 괜찮겠네요."

이런저런 기회로 실패연구소를 소개할 때 듣는 단골 피드백 중 하나가 바로 연구소 이름에 관한 것이다. 일견 일리 있는 제안이다. 보통 조직의 이름에는 하는 일 혹은 지향하는 가치나 비전을 담기 마련이니까.

실패연구소가 궁극적으로 지향하는 것은 물론 '실패'가 아니다. 실패를 제대로 이해하여 사람들이 새로운 '도전'을 더 많이 할 수 있도록 돕고자 한다. 실리콘 밸리의 실패 공유 모임인 페일콘, 행정안전부의 실패박람회, 여러 기업에서 진행하는 실패 캠페인 역시 '실패'를 내세우지만 최종 목표는 변화와 혁신을 위해 도전 정신과 도전 문화를 강화하는 것이다. 더구나 '실패'라는 단어가 맥락과 상황에 따라 제각각 이해되어 여러 소통 문제가 생기는 현실을 고려하면 실패연구소 이름을 바꿔야 한다는 제안이 영 틀린 말은 아닌 것처럼 느껴진다.

하지만 대안을 고민해봐도 실패연구소만큼 강렬한 이름을 찾기가 힘들었다. 행정안전부에서 추진한 '실패박람회' 역시 같은 문제를 오래 고민하다가 시행 5년이 되는 2023년에 이름을 '재도전 프로젝트'로 바꾸었는데, 바로 다음 해 정책이 폐지되었다.

실패와 도전, 혁신과 성공은 떼려야 뗄 수 없는 긴밀한 관계다. 성공으로 이어지는 혁신은 새로운 도전에서 시작되고, 새로운 도전에는 필연적으로 실패가 뒤따른다.

그리고 이 단어를 쉽게 포기하지 못하는 이유가 하나 더 있다. '실패'를 전면에 내세우는 것은 결과와 성공만 중시하며 실패를 부정하고 숨기는 사회 분위기 때문에 실패에서 배울 기회마저 놓쳐버린 현실에 대항하는 행위다. 그리하여 바로 그러한 문화가 도전과 혁신의 걸림돌이 되고 있다는 문제의 본질을 효과적으로 드러낼 수 있다.

불확실한 세상에서 개인은 안정을 원한다

우리는 그 어느 때보다 '도전과 혁신'이 강조되는 시대에 살고 있다. 각계각층에서 '도전', '창의', '혁신'을 외치다 보니 이제는 식상한 관용구처럼 느껴질 정도다.

그 배경에는 급격한 기술 발전과 그로 인한 사회 변화가 있다. 최근 경영학에서는 이러한 환경을 VUCA Volatility, Uncertainty, Complexity, Ambiguity라고 부른다. 변동성, 불확실성, 복잡성, 모호성이 지배하는 이 시대에는 기존과 다른 성장 방식이 필요하다. 그리하여 변화에 민감하게 반응하고 새로운 방법을 시도하는 유연성과 도전 정신이 핵심 경쟁력이 되었다.

VUCA로 대변되는 불확실한 환경에서 전 세계는 저성장과 양극화라는 또 다른 도전에 직면해 있다. 글로벌 경제의 성장 둔화와 불평등 심화는 기존 성장 방식으로는 더 이상 지속 가능한 발전을 이루기 어려운 현실을 보여준다. 이러한 상황에서 새로운 비즈니스 모델과 기회 창출은 선택이 아닌 필수다. 특히 기술이 급속하게 고도화되고 발전하는 현재, 기업과 조직에 빠른 적응과 혁신이 요구된다. 이때 실패를 통한 학습은 불확실성을 줄이고 혁신을 가속화하는 핵심 전략이다. 실패를 두려워하지 않고 빠르게 시도하고 배우는 것이야말로 급변하는 환경에 대응하는 가장 효과적인 방법이기 때문이다.

한국 사회에서 도전과 혁신이 특별히 강조되는 또 다른 이유가 있다. 전문가들은 한국이 전 세계에서 가장 빠른 시간에 급속한 발전을 이룰 수 있었던 원인 중 하나로 패스트 팔로워 전략을 꼽는다. 선진국의 기술과 아이디어를 빠르게 학습하고 도입해 효율적 성장을 추구하는 전략으로, 기술과 경제 분야뿐 아니라 정치, 교육, 사회, 문화 전반에 퍼져 있다. 이는 한국이 배고픈 나라에서 먹고살 만한 나라로,

후진국에서 선진국 반열로 들어서는 과정에서 검증된 성공 방식이었다.

　그런데 최근 일선 리더들이 빠른 기술 변화, 급변하는 세상에서 패스트 팔로워 전략이 미래 경쟁력을 지속적으로 담보하는 데 유효하지 않다는 한계를 인식하기 시작했다. 이러한 위기 의식에서 이제 퍼스트 무버로 체질을 개선해야 한다, 창의성과 독창성을 바탕으로 새로운 도전과 혁신이 필요하다는 목소리가 커지고 있다.

　하지만 이렇게 너도나도 도전과 혁신을 외치는 세상에서 살아남아야 하는 개개인의 현실은 조금 다른 것 같다. 이러한 사회적 요구의 배경인 경제적 불안정성, 높은 생활비 부담, 미래에 대한 불확실성 등이 한 사람의 입장에서는 오히려 새로운 도전을 망설이게 만드는 요인이 된다. 안정적인 직장과 수입이 중요한 많은 사람에게 불확실한 환경에서 새로운 시도를 한다는 것은 감당하기 어려운 위험으로 다가온다.

　바로 이 간극에서 '실패'에 대한 관심이 자주 피어오른다. 같은 사회 문화적 배경에서 비롯된 사회적 요구와 개인적 욕구의 간극, 도전하고 혁신하라는 사회적 메시지와 살아남기 위해 안정적인 길을 가는 개인적 선택의 간극에서 '실패'를 두려워하는 마음과 문화를 들여다볼 필요가 있다. 1장에서 잠깐 언급했던 핀란드에서 시작된 '세계 실패의 날' 탄생 비화는 이를 잘 보여주는 예다.

때는 2010년, 핀란드 국민 기업으로 불리던 노키아가 애플과의 스마트폰 경쟁에서 참패하며 위기에 몰렸던 시기다. 몇 년 전까지만 해도 핀란드 국내 총생산GDP의 20퍼센트, 수출의 15퍼센트를 차지했을 정도로 노키아는 영향력이 컸다. 그런 노키아가 몰락하자 상당수 핀란드 국민이 현재의 혹은 잠재적인 일자리를 잃을 위기에 놓였다. 핀란드의 좋은 복지 수혜를 유지하려면 더 많은 일자리가 필요했고, 이를 대기업과 정부에서 다 소화하기 어렵다고 판단한 핀란드 정부는 벤처 창업 활성화를 통해 이 위기를 극복하려고 했다.

이 분위기에 반기를 든 것이 핀란드 알토대학교 창업 동아리 학생들이었다. 그들은 알토대학교 총장을 찾아가 이렇게 이야기했다.

"지금 우리는 그 어느 때보다 두려움에 사로잡혀 있습니다. 건재할 것 같던 노키아가 휘청거리고 덩달아 국가 경제도 함께 위기에 빠지는 상황을 목도하고 있으니까요. 새로운 도전을 하자는 미래 계획에는 공감합니다. 그러나 현실에서는 똑똑한 인재조차 실패가 두려워 안정적인 직장을 찾는 일이 계속 벌어지고 있어요. 도전을 장려하기 위해서는 먼저 우리가 실패를 두려워하는 마음에 주목할 필요가 있습니다."

청년은 도전해야 한다는 착각 혹은 환상

2018년 행정안전부에서 발간한 실패 의제 연구 보고서[1]에 따르면, 2010년대 중반 한국 사회 언론에서 다룬 실패 담론은 청년 문제와 밀접한 관련성을 보인다. 지금은 상황이 많이 달라졌지만, 당시 한국 사회에서 주목받던 청년 이슈 중 하나는 높은 공무원 선호도였다. 반면 창업에 대한 선호도는 현저히 낮았는데, 여러 조사에서 실패의 두려움, 실패 후 재기의 어려움이 창업 비선호 및 안정적 직장 선호의 원인으로 지목되었다. 새로운 도전의 선봉에 서야 할 청년 세대가 안정을 최우선으로 추구한다는 점은 사회적 우려를

낳았고, 이는 청년 세대의 활력을 제고하기 위한 다양한 지원책 마련으로 이어졌다.

이러한 정책적 공감대가 형성될 수 있던 배경에는 '청년기는 도전의 시기'라는 사회적 통념이 자리한다. 사회는 청년에게 끊임없이 도전을 권장했고 창업 지원 등 각종 정책과 프로그램도 청년 세대에 집중되었다. 그러나 정작 이러한 기대를 받는 청년의 시각은 달랐다.

인터뷰에서 만난 학부생은 이렇게 이야기했다.

"대학생은 사회적으로 도전에 대한 기대만큼이나 압박도 많이 받고 있다고 생각해요. 도전을 장려하는 건 좋은데 명확한 근거나 비전을 제시해주지 않고 무작정 도전하라는 이야기를 듣는 경우가 많아요. 그 막연함이 도전을 망설이거나 오히려 안정적인 삶을 고집하는 원인일 수도 있다는 생각이 들어요."

반면 은퇴를 앞두고 있는 한 지인은 얼마 전 이런 이야기를 들려주었다.

"한국 사회는 도전을 청년의 전유물처럼 여기는 것 같아요. 저는 곧 은퇴하지만 아직 앞으로 살아갈 날도 많고 열정도 일할 의지도 넘쳐나는데, 막상 뭘 해보려면 나이 든 세대가 지원받을 수 있는 제도도, 접근할 수 있는 정보도 별로 없는 것 같아요."

2024년 10월 실패연구소에서 실시한 도전과 실패에 관한 대국민 인식 조사는 더욱 흥미로운 결과를 보여준다. 세대별 도전 의식을 조사했을 때 젊은 세대가 오히려 스스로를 덜 도전적이라고 평가했다.

X세대(1975~1984년생), Y세대(1985~1996년생), Z세대(1997~2005년생)는 각각 44퍼센트, 50.3퍼센트, 40.6퍼센트가 스스로를 '도전적이지 않다'라고 평가했다. 반면 60대 이상 베이비 부머 세대는 29.3퍼센트만이 그렇게 답했다. 도전 접근 방식에 대한 질문에 Y세대의 경우 18.3퍼센트가 도전적 상황을 적극적으로 회피한다고 답했으며 50.3퍼센트는 안정적 상황을 선호한다고 밝혔다. 도전을 즐기고 적극적으로 대한다는 응답은 고작 5퍼센트에 그쳤다. 실패에 대한 막연한 두려움을 느끼는 비율도 베이비 부머 세대에 비

해 X, Y, Z 세대가 유의미하게 높았다.

이는 발달 심리학의 일반적 이론과 배치되는 흥미로운 결과다. 에릭 에릭슨Erik Erikson,[2] 로라 L. 카스텐슨Laura L. Carstensen[3] 등 발달 심리학의 대가들은 사람들이 청년기에 비해 중년기 이후에는 실패 가능성이 있는 새로운 도전을 회피하고 현상 유지와 안정을 추구하는 경향이 강해진다고 설명해왔다. 그러나 2024년 한국 사회를 살아가는 한국인 1500명을 대상으로 한 이번 조사에서는 이론과 정반대되는 양상이 나타났다.

세대별 성공관의 차이는 이 현상을 설명하는 하나의 단서다. 전체 응답자를 대상으로 한국 사회에서 성공하기 위해 가장 중요한 요인이 무엇인지 물었을 때, 모든 세대가 '노력과 성실성'을 성공의 핵심 요인으로 꼽았지만 그 외 요인들에서는 뚜렷한 차이를 보였다. 젊은 세대일수록 '타고난 재능', '가족 배경', '운과 기회' 등 개인이 통제할 수 없는 요소의 중요성을 높게 본 반면 1, 2차 베이비 부머 세대(1955~1974년생)는 '도전 정신', '자기 조절력', '긍정적 마인드' 등 개인의 의지와 태도를 상대적으로 중요하게 평가했다.

이러한 차이는 세대별 사회 경험을 반영한다. 후진국에

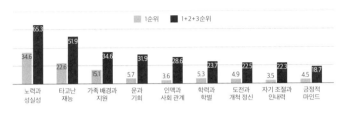

세대별 성공관 차이
(도전과 실패에 관한 대국민 인식 조사, 2024년 10월, 카이스트 실패연구소)

■ 1순위 ■ 1+2+3순위

	노력과 성실성	타고난 재능	가족 배경과 지원	운과 기회	인맥과 사회 관계	학력과 학별	도전과 개척 정신	자기 조절과 인내력	긍정적 마인드
1순위	34.6	22.6	15.1	5.7	3.6	5.3	4.9	3.5	4.5
1+2+3순위	65.3	51.9	34.6	31.9	28.6	23.7	22.5	22.3	18.7

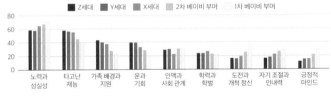

■ Z세대 ■ Y세대 ■ X세대 ■ 2차 베이비 부머 □ 1차 베이비 부머

- 기준Base: n=1500(세대별 각 300명), 복수 응답(1+2+3순위). 백분율은 각 항목에 응답한 응답자 기준으로 산출된 비율(%).
- 세대 구분: Z세대(1997~2005년생), Y세대(1985~1996년생), X세대(1975~1984년생), 2차 베이비 부머(1965~1974년생), 1차 베이비 부머(1955~1964년생)

서 선진국으로 나아가는 급속한 발전과 성장 과정을 직접 경험한 베이비 부머 세대는 67.7퍼센트가 사회가 '좋아졌다'라고 평가한 반면, 눈떠보니 선진국에서 태어난 Z세대는 27퍼센트만이 그렇게 답했다. '큰 변화가 없다'가 37퍼센트, 나머지 36퍼센트는 오히려 '나빠졌다'라고 평가했다. 더욱이 Z세대와 Y세대의 80퍼센트 이상이 현재 사회를 '미래가 불안한 사회'로 인식하는 것으로 나타났다. 반면 1차 베이비 부머 세대(1955~1963년생)는 57.3퍼센트만이 같은 응답을 보였다.

이처럼 세대별로 다른 경험과 인식이 도전에 대한 태도에 복합적으로 작용하고 있다. 발전과 성장을 직접 경험한 베이비 부머 세대는 노력 중심의 성공관을 바탕으로 도전에 긍정적이다. 반면 저성장과 양극화 시대를 살아온 청년 세대는 개인의 노력과 도전이 과거만큼 영향력을 발휘하지 못한다고 느끼며, 미래에 대한 불안감이 높아 도전을 기피하는 경향을 보인다.

이러한 상황에서 우리는 다시 물어야 한다. 과연 도전은 청년만의 과업일까? 저성장 흐름과 불확실한 사회 경제적 상황에서 기성세대에 비해 성장과 발전, 성공의 효능감을 상대적으로 덜 경험한 청년 세대에게 계속 도전만 강조하는 것은 공허한 메아리 아닐까?

카이스트 학생들의 속사정

입시에서 성공한 우등생이
왜 사회에서 성공하지 못할까

　카이스트 실패연구소가 사람들에게 흥미를 끄는 이유 중 하나는, 카이스트라는 학교가 실패보다는 성공에 가까운 이미지이기 때문일 것이다. 좋은 대학에 가면 성공이 보장된다고 여겨 대학 입시에 엄청난 노력과 에너지를 쏟는 한국 사회에서 이른바 명문대 카이스트 학생이 무슨 실패를 걱정하느냐며 반문하는 사람도 있다. 그런데 카이스트 학생들의 속사정은 좀 다르다.

민웅의 이야기를 들어보자.

"한국에서 고등학교를 나와 카이스트에 들어온 학부생의 경
우, 학생부 종합 전형을 통한 입학이 대부분일 거예요. 이 전
형으로 카이스트에 왔다는 건, 적어도 고등학교 3년 동안 성
적과 관련된 활동에서 단 한 번이라도 무언가를 망쳐본 적
없다는 의미이기도 해요. 중고등학교 내내 우등생으로 칭찬
받는 것에 익숙한 사람이 카이스트에 많은 셈이죠. 그렇다
보니 주변 친구들을 보면 여기 와서도 왠지 실패하면 안 될
것 같고, 다른 사람들에게 항상 완벽한 모습만 보여줘야 한
다는 마음이 자리하고 있는 것 같아요. 낮은 점수를 받거나
지위가 좀 떨어졌어도 반등할 기회가 있을 때 정신력mental
strength을 높일 수 있다고 생각하는데, 한국 입시를 겪은 친구
들은 애초에 한국 사회 혹은 학교가 뒤로 가는 것을 용납하
지 않는다고 느끼는 듯해요."

이처럼 어린 시절부터 높은 학업 성취를 보이며 우등생
자리를 지켜온 카이스트 학생들 중에는 완벽주의 성향을

보이는 경우가 많다. 완벽주의는 높은 성취 기준을 설정하고 이를 강박적으로 달성하려 노력하는 성향이다. 높은 성취나 성장 추구에 도움이 되는 성향으로, 학점 경쟁에서 우수한 성적을 얻고 상위 학교에 진학하는 등 결과를 얻는 데 긍정적으로 작용했을 가능성이 크다.

그러나 동전의 양면처럼, 완벽주의는 때로 우리의 성취나 자기 발전을 오히려 방해한다.

완벽주의는 높은 기준을 달성하기 위한 노력의 형태로 나타나기도 하지만, 스스로 설정한 높은 기준을 달성하지 못하는 것 혹은 다른 사람들이 본인에게 기대하는 높은 기대를 충족시키지 못하는 것에 대한 과도한 불안으로 이어지기도 한다. 이러한 완벽주의적 염려의 수준이 높은 사람은 작은 실수나 결점을 용납하지 못하고 자신의 노력과 성취를 지나치게 비판적으로 평가하는 경향이 있다. 또한 실패가 두려워서 새로운 도전이나 위험을 회피하는 경향을 보이기도 한다. 모든 것을 완벽하게 해내야 한다는 생각은, 이미 해본 것과 유사한 과제, 성공을 달성하기 쉽다고 여겨지는 과제에만 도전하게 하여 장기적으로 개인의 성장과 발전을 저해할 수 있다.

이들이 실수나 실패에 민감한 이유는 그로 인해 자신에 대한 평가나 평판이 추락할 것이라는 두려움 때문이다. 민웅의 이야기처럼 "단 한 번이라도 무언가를 망쳐본 적 없는", "우등생으로 칭찬받는 것에 익숙한" 학생일수록 우월감을 상실하거나 자신에 대한 평판이 추락할지도 모른다는 두려움이 크다. 어린 시절부터 학업에서 성취를 이룬 결과로 타인의 인정을 받았고, 그것이 자존감의 원천이 되어왔기 때문이다. 특히 부모, 지도 교수 및 주변 사람들이 본인에게 거는 기대가 크거나 높은 기준을 요구할 거라고 믿는 학생들은 그에 부응하지 못하는 것에 대한 불안과 두려움을 자주 보고했다. 이러한 불안을 느끼는 학생 중에는 카이스트 출신이니 '앞으로 잘될 것이다', '주어진 일을 잘 해낼 것이다' 같은 주변의 기대를 응원보다 부담으로 여기는 경우도 있었다.

카이스트 기계공학과 한순흥 명예 교수 역시 '모범생이 성공 못 하는 이유'라는 제목의 칼럼[4]에서 비슷한 현상을 지적했다. 그는 학교에서 모범적인 학생이 실제 사회에서는 역량을 제대로 발휘하지 못하거나 성공하지 못하는 현상에 주목했다. 이 현상에는 두 가지 이유가 있다고 봤다. 첫 번째는 자신에게 거는 주변의 기대가 높아 조심성이 크다는 점이다. 상대적으로 능력이 부족하거나 잃을 것이 많지 않은 사람은 어려운 일에 용감하게 도전해 성과를 내면 업적을 높게 평가받지만, 처음부터 주변에서 기대하고 잘한다는 평가를 받는 사람은 잘해야 본전이기 때문이다. 두 번째는 역경을 헤쳐 나오는 능력이나 경험이 부족하다는 점이다. 한 교수는 이 두 가지가 모두 실패 경험이 부족한 데에서 오는 약점이라고 봤다.

물론, 우등생이나 완벽주의 성향의 학생이 모두 그렇다는 것은 아니다. 여러 연구에 따르면 완벽주의의 역기능과 실패의 두려움은 특히 부모의 양육 태도와 밀접한 관련이 있다.[5] 부모가 지나치게 높은 기준을 설정하거나 자녀의 성취를 과도하게 비판하는 경우, 자녀는 그들의 기대에 부응하지 못할 것이라는 불안을 키우게 된다. 이러한 불안감은 높은 완벽주의적 염려로 이어져 새로운 도전을 회피하게 만들고 결과적으로는 진정한 의미의 성장과 성공을 가로막는 장애물이 될 수 있다.[6]

어쩌면 카이스트 입학이
실패감의 시작이었는지 모른다

카이스트에는 어린 시절부터 과학 영재로 촉망받던 학생부터 각종 특기에서 우수한 역량을 인정받은 학생까지 다양한 재능을 보유한 학생이 모인다. 전국 각지에서 모인 우수한 인재들과 경쟁해야 하다 보니 고등학교 때까지 수재 소리를 들으며 우등생 지위를 유지했던 학생들이 카이스트에 와서 자신감이 위축되거나 열등감을 느끼는 경우가 적지 않다. 그동안 실패연구소가 공개한 카이스트 구성원의 실패 경험담 중 학생들이 가장 많은 '좋아요'를 눌렀던 사연[7]은 다음과 같은 문장으로 시작한다.

"어쩌면, 카이스트 입학이 실패감의 시작인지도 모른다."

사연은 이랬다. 초중고등학교 시절, 학교 시험에서 항상 좋은 성적을 거두었던 그는 늘 칭찬받는 학생이었다. "너는 어쩜 이렇게 공부를 잘하니", "너 정말 똑똑하구나" 같은 칭찬을 듣는 것이 좋았고, 칭찬의 달콤함은 공부를 더 열심히 하는 동력이 됐다. 늘 우등생이었던 자신을 선망의 눈빛으로 바라보는 친구들에게 내심 우월감을 느낀 적도 있었다.

그런데 카이스트에 입학한 뒤로 상황이 바뀌었다. 기본 용어조차 생소한 과목들은 이해하기도 따라가기도 벅찼는데 교수들은 이 정도는 당연히 알아야 한다는 태도였다. 게다가 자신이 내용을 이해하지 못하고 헤매는 동안 다른 학생들은 아무 문제가 없는 듯 시험과 과제를 해내는 것처럼 보여서 더 당황스러웠다. 중고등학교 내내 우월감을 느껴온 그는 카이스트에 온 후로 열등감에 빠지는 시간이 길어졌다.

사연의 주인공은 그 상황을 이렇게 비유했다.

"이미 성능이 뛰어난 운동화를 신고 있는 애들이 죽도록 뛰니까, 싸구려 샌들을 신고 뛰는 나는 뒤처지지 않기 위해서 아무리 미친 듯이 뛰어도 그들보다 몇십 미터는 뒤처져 있는 것 같았다."

이 이야기는 다른 사연에 비해 두 배가 넘는 좋아요와 댓글을 받았다. 그만큼 이 이야기에 공감하는 학생이 많다는 의미일 것이다. 사실 이는 카이스트 학생들이 호소하는 어려움 가운데 가장 전형적인 유형이다. 특히 과학고나 영재고가 아닌 일반고 출신이거나, 다른 대학교에서 학부를 졸업하고 카이스트에 입학한 경우, 비슷한 경험담을 자주 털어놓는다. 그러나 과학고와 영재고를 포함한 특수목적고 출신 학생 역시 카이스트 입학 전 고등학교 시절에 비슷한 경험을 한 경우가 많아서 전반적인 공감도가 높다는 의견도 있다.

카이스트는 모든 학부생이 입학 후 두 학기 동안 전공을 정하지 않고 자유롭게 전공을 탐색하는 무학과 제도를 운영한다. 2학년에 올라갔을 때 이공계 특성화 대학의 전공 공부에 몰입할 수 있도록 신입생은 수학, 물리, 화학 등 기초 필수 과목을 들어야 한다.

카이스트 신입생의 약 70퍼센트를 차지하는 과학고와 영재고 출신 학생은 고등학교 때 기초 필수 과목을 이미 선행 학습하고 오는 경우가 대부분이다. 그렇다 보니 고등학교 과정에서 수학과 과학 이수 시간이 상대적으로 적은 일반고 학생은 1학년 때 수업을 따라가기가 쉽지 않다. 출발선이 다르기 때문에 대등하게 경쟁하려면 일반고 학생은 더 많은 시간을 공부에 쏟아야 한다. 그런데 몇 배의 시간을 들여 공부해도 이미 선행과 심화 학습을 한 친구들보다 좋은 성적을 받기란 쉽지 않다. 신입생 때부터 학점 관리를 중시하는 학생들에게 이러한 상황은 상대적 박탈감을 느끼게 한다.

카이스트 학부생 가운데 비非과학·영재고 출신 비율은 2000년대 초반까지만 해도 15퍼센트에 불과했으나 2024년에는 30퍼센트 수준으로 증가했다. 카이스트는 장기적으로 이 비율을 35퍼센트까지 높이는 것을 목표로 하고 있다. 이는 카이스트를 졸업한 학생이 미래 사회의 리더로 성장하려면 과학 기술뿐 아니라 융합적 사고와 인문 사회적 소양을 갖추는 것이 중요하며 이를 위해 다양성 확보가 필요하다는 인식에서 비롯되었다. 비슷한 이유로 외국인 학생 수도 점차 늘고 있다. 그러나 정해진 과목과 표준화된 평가는 다양한 배경과 출신의 학생이 각자 고유한 장점을 발휘하기 어렵게 만든다.

한 가지 희소식도 있다. 카이스트 학부 1학년 때에는 일반고 출신 학생이 과학·영재고 출신 학생에 비해 학업 성취도가 낮지만, 본격적인 전공 공부가 시작된 후 시간이 흐를

수록 출신 고교에 따른 성적 격차는 줄어든다는 것이다. 카이스트가 2013학년도 입학생의 출신 학교별 성적 추이를 분석한 자료에 따르면, 4학년 때에는 일반고 출신이 과학·영재고 출신에 비해 평균 학점이 높은 결과가 나타났다.[8]

그러나 이러한 객관적 결과와는 상관없이, 학업 과정에서 경쟁에서 뒤처지거나 탈락할 수 있다는 위기감을 크게 느낀 학생 중에는 노력하여 기대하는 성적을 달성하거나 성취 경쟁 상황에서 벗어난 후에도 지속적인 심리적 위축을 보고하는 경우가 많다. 고등학교 시절 자율형 사립고 진학 첫 학기에 내신 6등급대의 점수를 받았다가 반등에 성공해 카이스트에 올 수 있었다는 지수도 그런 사례였다.

"한 번 크게 넘어진 후 일어섰다. 당시에는 이겨냈다는 사실만으로 기쁘고 스스로가 대견했다. 그러나 근본적으로 기저에 있던 열등감과 결핍은 없어지지 않았다. 실패자로 남기 싫어서, 좋은 고등학교를 나와 재수하기 싫다는 마음, 그 생각으로 이루어낸 성장이었기 때문이다. 이 실패는 자양분이 아닌 두려움으로 남았다. 여전히 내가 뚜렷하게 내세울 건 학교라는 타이틀뿐이었다. '마음먹으면 해낸다'라는 능력도 얻었다고 생각했지만, 그 이전에 6등급이라는 충격, 새로운 환경에 부딪히면 또다시 초기화될 것이라는 불안감 앞에서 끈기에 대한 자부심은 풍전등화였다."

계속되는 경쟁 상황에서 실패와 좌절이 지속되면 학업 전반, 나아가 인생 전반에서 성취를 이룰 수 있다는 자신감이 사라지기도 한다. 자신보다 능력이 뛰어난 학생들과의 경쟁에서 뒤처질 수 있다는 압박감은 지속적인 스트레스와 불안을 유발한다. 한번 떨어진 자존감을 회복하지 못한 채 방치하면 심리적 위축 상태가 지속되기도 한다.

더 큰 문제는 이런 상태에서는 학업에 대한 흥미와 몰입 등 내적 동기가 감소하고 집중력이 저하되는 등 학습 동기와 성취 역량도 감소할 수 있다는 점이다. 그리하여 기대하는 결과를 달성하지 못하는 악순환이 계속되면 문제 상황이 장기화될 수 있다.

여기가 내가 있을 곳이 맞을까

"제가 일반고 출신이라…."

"제가 학부를 다른 학교에서 나와서…."

"학부 때 전공은 이공계 쪽이 아니라서…."

카이스트 학생들을 대상으로 인터뷰나 워크숍을 할 때면 유독 자주 관찰되는 말하기 방식이 있다. 바로 실패 경험이나 감정 이야기를 시작하기 전에 본인의 '출신'을 덧붙이는 것이다. 이는 학교생활에서 오는 열등감이나 좌절감처럼 실패와 관련된 감정의 배경으로 설명되기도 하고, 자신의 기대만큼 성취하지 못하는 현실에 대한 핑곗거리가 되기도 하며, 타인이 본인에게 거는 높은 기대를 낮추기 위한 구실이 되기도 한다.

'실패를 말하기'의 측면에서 이는 일종의 자기 구실화 Self-Handicapping 전략으로 볼 수 있다. 자기 구실화는 미국 심리학자 에드워드 E. 존스Edward E. Jones와 스티븐 버글러스 Steven Berglas가 처음 이론화한 개념으로, 성취가 불확실하거나 실패가 예상되는 상황에서 실패의 책임을 본인의 능력보다는 자신이 통제할 수 없는 외부 환경으로 돌리기 위해 수행에 방해가 될 만한 변명이나 방해물 등 의도적인 핸디캡을 미리 만들어두는 행동을 의미한다. 이러한 행동을 하는 이유는 자존감을 보호하려는 욕구 때문이다. 사람들은 실패하여 자존감이 손상될 가능성이 있을 때, 이를 방어하기 위해 의도적으로 성취나 성공에 불리한 상황적 제약이 있었음을 드러내려 한다.[9]

자신의 실패를 떠올리거나 다른 사람들과 공유하는 것은 자존감을 손상시킬 수 있고 타인에게 긍정적인 인상을 유지하는 데 위협이 될 수 있다. 이러한 자기 제시Self-Presentation 상황에서 '출신'이라는 핸디캡을 방어의 구실로 삼아 자존감을 보호하려는 것은 자기 구실화 전략과 닮았다. 그러나 카이스트 학생에게 나타나는 현상은 미국 이론가들이 제시하는 전형적인 자기 구실화 사례들과 조금 다르다. 전형적인 자기 구실화 전략에서는 실패가 자신의 '능력 부족'으로 일어나지 않았음을 보여주기 위해 노력을 하지 않거나 능력을 발휘하기 어려운 상황을 의도적으로 만든다. 시험 전날 일부러 파티에 참석하거나 다른 과제에 집중하는 등의 행동이 대표적이다.

반면 '출신'을 실패에 대한 자기 구실로 활용하는 카이스트 학생의 말하기는 다음과 같이 해석할 수 있다. 노력하지 않음으로써 '능력의 부족'을 인정하는 것을 피하는 게 아니라, '출신'이라는 통제할 수도 극복할 수도 없는 격차가 있음을 상기시키며 본인의 실패나 열등감이 '노력의 부족' 때문이 아니라는 점을 보여주는 것이다.

더 중요하게 짚어야 할 점은 상당수 학생이 '출신'을 성공과 성취의 핸디캡으로 여긴다는 대목이다. 더 나아가 그것을 말하는 사람과 듣는 사람 모두 출신 학교와 전공을 핸디캡으로 여기는 것을 너무 당연하고 익숙하게 받아들이는 현상이다. (너무 당연해서, 이런 상황을 이상하게 여기는 것을 이상하게 느낄 정도다.)

한국 사회의 주요 갈등 요인으로 학벌주의가 자주 언급된다. 학벌주의의 핵심은 대학을 서열화해 그에 따라 개인의 능력을 평가하는 것이다. 그동안 정책적으로 블라인드 채용 등을 도입하며 그 부정적 영향을 줄이려는 노력이 있어왔지만, 일상에 오랫동안 자리 잡은 인식과 문화는 좀처럼 바뀌지 않았다.

카이스트는 국내에서 최상위권으로 인정받는 학교이

니, 상대적으로 학벌주의의 혜택을 보고 있으리라 여기는 사람도 많을 것이다. 그러나 카이스트에서 관찰되는 학벌주의의 영향은 조금 더 복잡하다. '카이스트 학생'이라는 타이틀은 얻었지만, 카이스트 커뮤니티 안에서 입학 전 출신 학교와 전공에 따라 또다시 서열을 나누고 우열을 가리는 문화를 어느 정도는 공통적으로 경험하고 있기 때문이다.

　이러한 문화는 비단 카이스트만의 문제는 아니다. 좋은 대학에 가는 것에만 집중하는 입시 과정을 경험한 학생들은 성적을 중심으로 우열을 나누고, 그에 따라 입학할 수 있는 학교와 전공이 결정되며, 공부 외의 타고난 재능이나 성장 가능성마저도 학교 성적에 기반해 암묵적인 평가가 이루어지는 문화를 어려서부터 경험해왔다. 특히 한국인은 좋은 학벌, 승리, 성공이 환경적 조건이나 운, 능력보다 노력에서 비롯한다고 믿는 정도가 높은 것으로 알려져 있다.

　이러한 사회에서 상대적으로 낮은 성적을 받는 학생, 낮은 서열로 여겨지는 학교 출신 학생은 열등감과 함께 최선을 다하지 않았다는 죄책감과 수치심을 경험할 가능성이 높다. 또한 상대적으로 우위에 있는 학생 역시 한번 획득한 지위와 우월감을 유지하기 위해 끊임없이 노력해야 하는

스트레스와 불안을 느낀다. 이러한 마음의 작용은 더 촘촘하게 서열을 나누고 우열을 가리는 문화가 퍼져 나가는 데 기여한다.

실제로 학생들을 가까이에서 지도하는 교수들에게 출신 학교에 따른 학업이나 연구 역량에 차이가 있는지 물어보면 높은 확률로 '아니다'라는 답변이 나온다. 앞서 언급했듯 본격적인 전공 공부가 시작되면 과학·영재고와 비과학·영재고 출신 학생 간 학업 성취도 차이가 줄어든다. 더구나 한국의 교육 제도와 카이스트의 입학 사정 시스템의 테두리 안에서 입학하는 학생들 사이에 출발선부터 역량 차이가 있다고 인정하는 것은 선발 과정에 대한 신뢰를 낮추는 일 아닐까?

카이스트 학부생의 다수를 차지하는 과학·영재고 출신에 비해 비과학·영재고 출신이 입학 초반 학교생활에 상대적으로 적응하기 어려워하는 것은 어느 정도 사실이다. 이는 앞서 다루었듯 선행 학습에 따른 수업 이해도 차이가 큰 탓도 있지만, 학업 수행이나 학교생활을 스스로 평가하는 데 도움이 되는 적절한 레퍼런스 그룹을 찾기 어렵기 때문이기도 하다.

매년 두 자리 수 학생을 카이스트에 입학시키는 과학고나 영재고의 경우, 선후배 간 네트워크가 잘 형성되어 있어 학교 적응과 전공 및 진로 탐색 등의 과정에서 정보 교류가 활발하다. 그러나 비과학·영재고 신입생은 대부분 출신 학교에서 혼자 카이스트에 들어온 경우가 대부분이기 때문에 학교 적응, 전공 및 진로 탐색, 대학생으로서 얻을 수 있는 기회나 필요한 지원 등에 대해 얻을 수 있는 정보의 양이 상대적으로 적다. 이 문제는 재학 기간이 늘어나고 학내에서 다양한 관계와 네트워크를 형성하며 저마다의 방식으로 해결된다. 또한 학교 차원에서도 비과학·영재고 출신이 카이스트에 잘 적응할 수 있도록 여러 가지 프로그램을 마련하여 초기 적응의 격차를 줄이려는 노력을 지속하고 있다.

이러한 노력에도 과학·영재고→카이스트 학부→카이스트 대학원의 주 경로를 따르지 않은 학생들 중 '출신 학교'나 '전공'을 실패나 낮은 성취의 구실로 이야기하는 사람에게 자주 감지되는 것은 본인 역량에 대한 의심과 '과연 내가 카이스트에서 공부하기에 적합한 사람인가?' 같은 의문이다. 2023년 카이스트 일상에서 포착된 실패의 순간들 사진전에 전시된 두 대학원생 사례가 이러한 고민을 잘 보여준다.

카이스트라는 좋은 학교에 있다 보니
졸업한 선배도, 동기도 모두 우수하다.
좋은 직장, 번듯한 미래 계획, 뭐든 척척 해내는 진취성.
그런 동문 사이에 있는 게 자랑스럽지만, 연구와 삶에서
실패를 만날 때마다 혼자 시들어가는 느낌을
받는다. 싱싱한 잎들 사이 혼자 시든 이 노란 이파리처럼.

청둥오리 한 마리가 보도블록 위를 혼자 걷는다.
길을 잃은 것 같다.
다른 오리들처럼 연못이나 잔디밭이 아닌
인도에 있는 모습이 영 어색했다.
자기한테 맞지 않는 곳에 부자연스럽게 있는 모습이
꼭 내 모습처럼 느껴졌다.

갑자기 주어진 선택의 자유가 달갑지 않은 이유

"중고등학교에서는, 학급도, 해야 할 공부도 정해져 있는 생활을 하다가 대학교에 오니 모든 것을 제가 다 자유롭게 결정해야 하는 환경이 낯설었고, 그때 처음으로 실패가 두렵다는 생각을 했어요."

"대학 입시를 위한 공부는 어느 정도 답이 있다고 생각하거든요. 그냥 주어진 목표에 최대한 노력을 기울여 좋은 점수를 받으면 되는데, 대학 이후의 삶은 답이 없잖아요. 혼자 미래를 계획하고, 거기에 맞춰 들어야 할 과목도 스스로 정해야 하는 상황에 부담을 느끼는 것 같아요."

학부생과 이야기를 나누다 보면 의외로 '실패의 두려움'을 이야기할 때 가장 많이 언급되는 시기 중 하나가 신입생 무렵이다. 대학 입시라는 비교적 분명한 목표, 정해진 시간표와 반 친구 등 주어진 환경에서 열심히 노력하여 최고의 결과를 내야 하는 고등학교와 전혀 다른 낯선 환경에 적응해야 하기 때문이다. 대학에 들어오자마자 그들이 마주하는 것은 본인의 미래 설계에 대한 높은 불확실성이다.

　카이스트 학부 신입생 시절이 유독 실패의 두려움과 관련되는 또 다른 이유는 이때 대학 이후의 진로를 선택하기 위한 과제가 본격적으로 주어지기 때문이다. 모든 카이스트 학부 신입생은 입학 후 두 학기 동안 자신의 흥미와 적성, 다양한 전공을 탐색하는 시간을 가지고, 2학년에 올라가는 시점에 최종 전공을 선택한다. 이런 제도를 운영함에 있어 카이스트는 학과별 정원 제한이 없고 모든 학생은 본인이 원하는 전공을 선택할 수 있으며 전과나 복수 전공도 자유로운 편이다. 이는 모든 학생에게 선택의 자율성과 자기 탐색의 시간을 보장한다는 점에서 학교와 학생 모두 자랑스럽게 여기는 제도이기도 하다.

　심리학자들은 개인의 성취와 행복에 가장 중요한 조건 중 하나로 '자율성'을 꼽는다. 내가 무엇을, 언제, 어떻게 진행하고 끝낼지 스스로 선택하고 결정하는 자율성의 경험은 과업에 대한 내적 동기를 강화하고 지속적인 노력, 창의성, 도전에 대한 선호, 높은 성취를 예견한다.[10]

　그런데 종종 학생들과 이야기를 나눠보면 갑자기 주어진 선택의 자유가 달갑지만은 않은 눈치다. 적어도 학업과 진로의 영역에서 온전히 자유로운 선택, 즉 개인적 가치나 목표, 흥미가 반영된 선택을 해본 경험이 많지 않기 때문이다. 대부분이 경험한 고등학교까지의 한국 교육은 대부분 좋은 대학에 가는 것을 목표로 하는 입시 준비에 초점이 맞추어져 있다. 교과목, 진로나 동아리 활동 등을 선택할 기회가 주어지더라도 대부분 입시에 도움이 되는가의 여부로 결정된다. 그러한 과정에서 개인에게 중요한 가치와 목표, 흥미와 적성을 탐색하는 일은 매번 나중에 하면 되는 일로 미룬다.

카이스트의 무학과 제도는 이러한 입시 과정을 거쳐 대학에 온 학생들에게 흥미와 적성을 탐색할 수 있도록 1년의 시간을 보장하고 교과목 수강 외에 다양한 활동을 장려한다는 점에서 좋은 장치다. 그러나 이제껏 짧게는 고등학교 3년, 길게는 초중고등학교를 모두 합쳐 12년 동안 입시라는 목표를 향해 효율적인 선택, 외부로부터 부과된 목표에 충실히 노력해왔던 학생들에게 내부로부터 들리는 목소리에 귀 기울여 스스로 비전과 목표를 세우는 일이 쉽지만은 않다.

고등학교 때 열심히 공부해 카이스트에 입학했다. 열심히 학교를 다녔지만, 언제나 마음 한구석에는 이게 '내가 진정으로 원하는 일인가' 하는 의문이 있었다. 어른들이 하라는 대로, 좋다는 대로 걸어오다 보니 어른이 되었다. 어른이 되고 보니 내가 하고 싶은 것이 무엇인지 모르겠고, 내가 원하는 것은 무엇인지 더욱 모르게 되었다. 중고등학교 때와 마찬가지로 기계적으로 좋은 학점을 받으려고 공부하는 나 자신이 보였다. 내 고민을 주변 사람들한테 털어놓아보았지만, '아이 같은 고민이다'라는 말을 가장 많이 들었다. 그 나이가 되도록 아직도 해야 하는 일에 집중하지 못하고 방황한다며 핀잔도 들었다. 대다수의 사람은 네가 원하는 건 높은 사회적 지위와 많은 돈이라고 했다. 생각해보면 당연한 말이었다.

_ 조정훈 외, 《과학 하는 용기》(살림Friends, 2016), 250〜251쪽

위 학생의 이야기처럼, 학생들이 호소하는 어려움 중 하나는 자신이 원하는 게 뭔지 '잘 모르겠다'라는 것이다. 구체적으로 무엇을 좋아하는지, 왜 공부를 하는지, 무엇이 되고 싶은지 스스로 결정하기 어려워한다. 그 와중에 선택한 과목, 과제에서 좋은 점수를 받는 것은 중요하고, 주어진 과업에 최선을 다해 좋은 점수를 따는 일은 익숙하고 잘해왔

던 일이니 열심히는 한다. 그러나 개인적 목표나 가치가 정립되지 않은 채 해야 할 공부와 과제는 많지만 '왜 해야 하는지', '이 공부가 미래의 나에게 어떻게 도움이 되는지' 등 의미 부여가 충분하지 않으니 동기적 결손을 보이거나 번아웃 증상을 보이는 경우도 적지 않다.

동기 이론가들에 의하면 좋은 대학, 좋은 학점, 수상 실적 같은 보상을 얻거나 부모, 교사 등 중요한 타인의 요구를 충족시키는 등 외적 동기로 조절되는 사람은 일반적으로 그러한 외적 자극이 없으면 어떤 일을 시작하거나 노력을 기울이는 데 어려움을 겪는다.[11] 내적 동기로 움직이기보다 외부에서 부과된 목표 달성에 최적화된 공부를 해왔던 학생들이 뚜렷한 보상이나 결과가 잘 보이지 않는 일에 도전하기 어려워하는 이유다.

실패의 두려움을
도전의 동력으로 삼으면 괜찮아질까

자유가 주어지면 선택의 폭이 넓어지지만 동시에 그 책

임도 커진다. 미래에 대한 불확실성 속에서 전공 선택이란 과제를 받아 든 학생 중에는 정답이나 구체적인 가이드라인도 없는 본인의 선택이 미래의 성공을 좌우할 수 있다는 생각에 부담감을 호소하기도 한다.

이러한 선택의 어려움을 겪는 학생이 쓸 수 있는 전략은 크게 두 가지다. 첫 번째는 '대세'를 따르는 것이다. 대세를 따른다는 것은 이미 검증된 안전한 길, 유행의 최첨단으로 산업의 규모와 일자리가 증가할 가능성이 높은 선택지를 고르는 것이다. 아직 흥미와 적성을 발견하지 못했거나 진로를 결정하지 못한 상황에서 대세를 선택하는 것은 실패할 가능성을 최소화하는 전략으로 여겨진다.

두 번째는 흥미와 적성을 탐색하기 위해 접근 가능한 여러 기회들에 최대한 도전해보는 것이다. 대학으로서 카이스트의 장점은 다양한 시도를 할 수 있는 도전 기회가 많이 주어진다는 점이다. 장학금과 생활비 지원 등 공부하는 데 필요한 금전적 지원 외에도 해외 봉사 활동, 공모전 등 다양한 학과 및 학과 외 활동에 참여할 기회가 많다. 참여 경험이나 인증 사실이 취업이나 대학원 진학에 도움이 되는 스펙이 될 수 있다면 금상첨화다. 실제로 정말 관심이 있거나 도전해보고 싶은 분야라서 관련 기회에 참여하는 경우도 많지만, 몇몇 학생은 별로 좋아하지 않아도 뒤처지지 않고 미래에 도움이 될 수 있겠다는 생각에 전략적으로 선택한다. 창업 공모전에 도전한 학생의 사례를 들어보자.

> 경쟁에 길든 우리는 지는 게 너무 두려워져버렸다. 나 또한 조급했다. 이곳에서 뒤처지지 않기 위해 당장 무언가 가시적인 성과를 이뤄내야만 한다고 생각했다. '창업'이라는 단어는 그런 내 불안감을 달래주기에 꽤 알맞아 보였다. 내가 창업의 꿈을 정말 가지고 있었다고 자신하지는 못하겠다. '너 카이스트 가서 뭐 했어?'라는 질문에 으스대며 대답할 거리를 찾고 있었을 뿐이지 않았을까? 이제 와서 털어놓는 부끄러운 고백이다.
>
> _ 조정훈 외, 《과학 하는 용기》(살림Friends, 2016), 128쪽

겉으로 보기에 다양한 활동에 참여하는 것은 도전적이고 적극적인 모습처럼 보이지만, 이러한 선택 이면에는 실패에 대한 두려움이 자리하고 있는 경우가 많다. 카이스트 학생들의 실패 수기 모음집 《과학 하는 용기》에 실린 '겁쟁

이 일대기'라는 글에는 이러한 마음이 잘 드러난다.

난 늘 도전적인 학생이었다? 어릴 때부터 지금까지 나를 발
전시켜온 것은 목표에 대한 나의 강렬한 열망이 아니었다.
순수한 목표를 위해 노력하고 성취해온 역사를 쓰지 않았다.
아니, 그러지 못했다. 내가 자라온 방식은 새로운 것을 두려
워하며 내 알량한 자존심을 지키기 위해 악착같이 노력하는
것이었다. 훌륭한 성과를 내거나 발표를 능숙하게 하고 싶어
열심히 한 것이 아니다. 나는 단지 실패가 너무 두려웠다. 그
래서 노력했으며, 그 결과가 모여 지금의 내가 됐다. (중략)
우리 중에 실패를 두려워하지 않으며 도전하는 사람은 없을
것이다. 단지 우리는 두렵고 자신이 없는 만큼 준비하는 사
람들이다. 누구보다 많은 시간을 들여 준비하고, 그 결과가
외부 사람에게 보일 때 비로소 우리는 '두려움 없이 도전하
는 진취적인 학생'이 되는 것이다. (중략) 카이스트 학생으로
서 우리가 도전을 즐긴다고 말할 수 없다. 하지만 우리는 도
전을 피하지 않으며 그 두려움 속에서 노력하는 겁쟁이들이
다. 두려움만큼 스스로를 성장시키고 나아가 사회를 성장시
킬 수 있는 사람, 두려움을 이겨내고 이를 기회로 삼는 사람

들, 이것이 내가 생각하는 카이스티안이다.

_ 조정훈 외, 《과학 하는 용기》(살림Friends, 2016), 54~55쪽

왜 배워야 하는지 모르는 과목이지만 늘 그랬듯 당연히 좋은 점수를 받아야 한다고 여기는 마음, 이미 좋은 성적으로 좋은 학교에 입학했는데도 그에 걸맞은 혹은 더 좋은 지위를 얻지 못할까 두려워하는 마음, 그렇지만 아직까지 내가 무엇을 원하고 무엇을 하고 싶은지 확실하지 않은 상황에서 나중에 뒤처지는 일은 막기 위해 계속 도전할 거리를 찾고 그럴듯한 이력을 축적하고 싶은 마음은 실패를 피하고 싶은 동기에 기대어 도전을 만들어낸다.

이렇게 실패의 두려움을 도전의 원동력으로 삼는 사람은 목표와 정답이 비교적 분명한 과제나 단기 과제에서는 더 높은 성취를 보이기도 한다.[12] 그러나 이러한 태도가 장기적으로 계속되면 신체적, 정신적 피로가 증가하는 등 건강에 악영향을 미칠 수 있다. 특히 실패의 위험을 회피하기 위한 과도한 노력과 스트레스는 번아웃으로 이어질 수 있고, 이는 생산성과 전반적인 삶의 질을 떨어트린다.[13]

모두가 실패했다고 느끼는데
실패가 부족하다고?

　　한국에서 입시를 겪어본 사람이라면 카이스트 학생들의 속사정에 누구나 공감할 것이다. 이들이 겪는 실패에 대한 두려움과 도전에 대한 내적 동기 부족 현상의 일부는 카이스트의 특수한 위상 때문이지만, 대부분은 입시 중심의 초중고등학교 교육 경험에서 비롯된다. 여기에 성적, 학벌, 직업, 재산 등 외적 가치를 서열화하는 한국 사회의 전반적인 문화가 더해진 결과다.

　　이러한 현상은 한국에만 국한된 것은 아니다. 2017년 〈뉴욕 타임스〉 기사 '캠퍼스에서 실패는 강의 계획서에 있다On Campus, Failure Is on the Syllabus'**14**는 미국 명문 대학들이 잇달아 학생들의 실패를 다루는 회복 탄력성resilience 프로그램을 도입하는 추세를 소개하며 그 배경을 추적한다. 이 기사가 다루는 미국 명문대 학생의 정신 건강 문제 원인을 살펴보면 카이스트 학생이 겪는 문제와 놀랍도록 유사하다. 제시된 원인은 다음과 같다. 첫째, 학업뿐 아니라 사회 생활, 연애, 가족 관계 등 모든 면에서 성공해야 한다는 압박감을 느끼는 '완벽주의 문화'. 둘째, 바쁜 것을 미화하거나 그러한 것을 지위와 혼동하는 문화에서 경험하는 '경쟁 스트레스'. 셋째, 고등학교에서 자신이 최고라고 생각하다가 대학에서 더 이상 본인이 특별하지 않다고 느끼며 정체성 혼란을 겪는 '특별한 눈송이 증후군'. 마지막으로 '실패 결핍failure deprived'이다.

특히 실패 결핍이라는 용어를 주목할 만하다. 이는 뛰어난 학업 성취를 보이는 학생들이 일상의 간단한 어려움에도 대처하지 못하는 현상을 설명하는 것으로, 스탠퍼드와 하버드에서 학생 상담을 담당하던 교수들이 처음 제안한 용어다. 가령 A- 미만 점수를 받거나 원하는 과목 수강 신청에 실패하면 극도로 좌절하고, 간단한 학교생활 문제를 스

136

스로 해결하지도 못하고 도움을 요청하지도 못하는 학생들이 이에 해당한다. 연구자들은 이러한 문제로 상담 센터를 찾는 학생들이 해마다 눈에 띄는 비율로 늘어나는 현상을 주의 깊게 살핀 후, 이것이 특정 개인의 문제가 아니라 사회적으로 개입해야 할 문제임을 인식했다고 한다.

《헬리콥터 부모가 자녀를 망친다How to raise an adult》를 쓴 스탠퍼드대학교 줄리 리스콧–해임스Julie Lythcott-Haims 교수는 성인이 된 학생들이 실패 결핍 증상을 보이는 원인을 미국의 입시 문화와 자녀 양육의 복잡한 상호 작용에서 찾는다.[15] 그는 미국의 명문대 입시에서도 광풍이라 부를 수 있을 정도로 한국만큼이나 부모의 개입이 심하다고 지적한다. 미국 부모들은 단순히 아이를 감독하고 보호하는 데에서 나아가 완벽한 스펙을 만들기 위해 동아리 활동과 교우 관계까지 관리한다. 대학 입시를 넘어 대학원 입학과 최종 목표인 직업 선택까지 개입하는 부모도 있다.

이러한 마이크로매니징micromanaging은 자녀의 입시 과정에서 실패와 시행착오를 줄이는 데 도움이 될 수 있지만, 스스로 계획하고 결정하는 능력 발달을 저해할 가능성도 있다. 이러한 부작용은 자녀가 성인이 되었을 때 더 심각해질 수 있다. 리스콧-해임스 교수는 항상 부모가 정해준 방향을 따른 아이들이 대학 생활에 적응하지 못하거나 본인이 원하지 않는 진로 과업을 달성하느라 우울증에 빠지는 등 심각한 문제를 보이는 경우가 많다고 지적한다.

이 용어가 흥미로운 이유는 실패failure 뒤에 결핍deprived이라는 단어가 붙어 있기 때문이다. 본래 deprived는 삶에 기본적인 것, 필수적인 것을 충족시킬 수 없는 상태를 표현할 때 주로 쓰는 단어다. 즉 이 용어는 실패 경험의 부재가 단순히 좋은 것이 아니며, 오히려 개인의 성장과 발전에 필요한 중요한 경험의 기회를 박탈하는 현상을 지적하고 있다. 성장 과정에서 다양한 종류의 실패를 겪거나 그로부터 학습할 기회를 놓친 결과, 학생들은 사소한 실수에도 크게 낙담하고, 적절한 해결책을 찾는 데 어려움을 겪으며, 나아가 실패가 두려워 위험을 감수하는 도전을 피하곤 한다.

여기서 한 가지 의문이 든다. 현재 카이스트 학생이나 미국 명문대 학생에게 지금 당신이 겪고 있는 심리적 어려움이 '실패를 많이 경험하지 못해서'라고 이야기한다면 얼마나 많은 사람이 동의할까? 이 진단에 발끈하거나 조금은 억울해하는 경우도 있으리라 짐작된다. 많은 학생에게 입시의 과정이 실패와 두려움의 연속이었을 테니까 말이다.

　실제로 카이스트 학생들에게 실패 경험에 관한 에세이를 받아보면 중고등학교 시절을 배경으로 하는 글은 대부분 성적과 관련된 내용이다. 이는 해당 시기 학생들의 입시 중심적 생활을 반영하는 동시에 학업 외의 다양한 경험이 부족했거나 학업을 제외한 다른 경험에 낮은 가치를 부여했음을 시사한다. 이 시기 학생들이 인식하는 실패는 주로 점수의 고저, 선발 과정에서의 당락 등 외부적 평가 결과에 기반을 둔다. 입시 과정에서 그들은 빈번한 평가 상황에 노출되며 그 결과가 대체로 명확하고 즉각적으로 제시되기 때문에 실패와 그에 대한 두려움을 일상적인 경험으로 받아들인다.

　그런데 '실패 결핍'은 단순히 실패 경험이 부재했다는 의미가 아니다. 실패를 건설적으로 경험하고 그로부터 배우는 능력이 부족하다는 뜻이다. 학생들이 입시 과정에서 많이 실패했다고 해서 이러한 능력이 자연스럽게 계발되는 것은 아니다. 오히려 입시라는 단일한 목표에 과도하게 몰입하는 것이 실패를 건설적으로 경험하고 배울 수 있는 기회를 박탈한다.

그렇다면 구체적으로 어떤 기회를 박탈당한 걸까?

첫째, 모든 학생에게 좋은 대학 입학이라는 동일한 목표가 주어지고 정해진 커리큘럼이나 시험 범위에 집중하다 보니 개인의 고유한 관심사나 호기심을 추구할 기회가 제한된다. 목표를 자율적으로 선택하고 결정하는 자기 주도적 경험 역시 사실상 불가능하다.

둘째, 최종 결과만을 중시하는 입시 문화는 정답이 정해진 문제 해결에 집중하게 한다. 그 결과, 학습 과정에서 다양한 접근법이나 창의적 사고를 발휘할 기회가 줄어들고 결과가 아닌 노력이나 개선, 성장을 주목하지 않게 된다.

셋째, 학업에만 너무 집중하다 보니 정체성과 사회적 기술 발달이 중요한 시기에 할 수 있는 경험이 매우 제한적이다. 입시 환경에서의 실패는 매우 구조화되고 예측 가능한 환경에서 발생한다. 그러나 우리가 살아가는 실제 세계는 훨씬 덜 구조화되고 예측 불가능하다. 이로 인해 입시 중심 교육은 실제 세계에 대한 적응력 부족이라는 역효과를 낳는다.

지금까지 제시한 세 가지는 '실패에서 배우기'의 조건이기도 하다. 삶에서 실패는 다양한 방식으로 일어나지만, 모든 실패에서 교훈을 찾기도 어렵고 모든 사람이 실패에서 잘 배울 수 있는 것도 아니다. 실패에 관한 많은 연구는 외적으로 부과된 목표가 아닌 내적 동기에 의해 지속할 수 있는 과제에서, 결과보다는 성장에 초점을 두는 마음가짐과 문화에서 '실패에서 배우기'가 가능하며, 정답이 있는 확실한 환경보다 불확실한 환경에서 실패는 더 중요한 가치를 지닌다고 설명한다. 그러나 입시 중심의 한국 사회는 학생들에게 정반대되는 환경을 제공한다.

모두 실패하고 있다고 느끼지만, 정작 건설적인 실패 경험은 부족한 이유가 바로 여기에 있다.

실패하지 않고도
실패감을 느끼는 사람들

실패의 사전적 정의인 "뜻한 것을 이루지 못하거나 목표나 계획을 달성하지 않는 것"을 뒤집어 생각하면, 실패가 발생하기 위해서는 무언가 뜻하거나 목표하거나 시도하는 행위가 선행되어야 한다고 볼 수 있다. 즉 '실패'는 어떤 목표에 도전하거나 시도했다는 증거다.

그런데 카이스트 학생이나 비슷한 또래 청년과 이야기를 나누다 보면, 그들이 실패 이야기를 통해 호소하는 어려움 혹은 진짜 벗어나고 싶은 실패는 무언가 도전하거나 시도한 결과가 뜻대로 풀리지 않은 상태라기보다 '실패한 것 같은 느낌'에 사로잡혀 도전도 시도도 하기 어려운 마음 상태 같다는 생각을 자주 하게 된다.

저마다 '실패한 것 같은 느낌'에 빠지는 이유는 다양하겠으나 실패감을 느끼는 사람들 이야기에 자주 등장하는 키워드 중 하나는 '상대적 박탈감'이다. 몇 년 전 한국 사회에서 유행했던 신조어 '벼락거지'라는 말이 이를 잘 보여주는 예다. 부동산 가격이 급상승해 상대적으로 빈곤해진 무주택자를 일컫는 말로, 상대적 박탈감에 빠진 무주택자가 온라인에서 자신을 비웃는 말로 쓰이곤 했다. 벼락거지가 되어 상대적 박탈감을 호소하는 사람 중에는 이전에 집을 살 생각이 없었고 시도해보지도 않은 사람도 있었다. 이렇듯 무언가를 가진 타인이 눈앞에 나타났을 때 자신이 그것을 얻을 기회를 놓쳤을지 모른다는 불안과 앞으로 아무리 노력해도 그 차이를 메울 수 없다는 생각에 이르면 그들은 잘못됐다는 느낌, 실패한 것 같은 느낌에 빠져들었다.

'실패한 것 같은 느낌'은 아무리 노력해도 성공에 도달할 수 없을 듯한 '무력감'에서 오기도 한다. 밑 빠진 독에 물 붓는 것처럼 끊임없는 노력에도 쉬이 얻어지지 않는 보상, 개인의 노력으로 성취할 수 있는 속도보다 더 빠르게 변하는 사회와 점점 더 높아지는 기준은 현재 자신의 역량과 자원이 늘 충분하지 못하다는 느낌, 미래의 불확실성에 대한 불안과 함께 '실패한 것 같은 느낌'을 만들어낸다. 이러한 생각이 낳는 심리적, 행동적 결과는 육체적, 정신적으로 극심한 피로를 느껴 열정을 잃어버린 번아웃 증후군 증상과도 닮았다.

문제는 '실패한 것 같은 느낌'이 실제로 실패가 일어나지 않았는데도 그 자체로 실패를 여러 번 반복한 것과 유사한 부정적 심리 상태를 만들어낸다는 것이다. '실패한 것 같은 느낌'에 동반하는 좌절감과 수치심, 무력감 같은 감정은 자기 능력에 대한 의심, 또 다른 실패에 대한 두려움으로 이어진다. 그 결과 '실패한 것 같은 느낌'에 사로잡힌 사람은 새롭고 도전적인 목표를 추구하기보다 더 안정적이고 확실한 성공을 보장하는 선택지를 찾고, 추구하는 목표의 수준을 낮추며 해야 할 일을 뒤로 미루는 등의 행동을 보인다.

그렇다면 사람들이 '실패한 것 같은 느낌'을 호소하는 주된 이유는 무엇일까?

당신의 성공 기준은 무엇입니까?

사람들은 자신이 속한 사회의 가치 기준에 따라 성공과 실패를 판단한다. 한국 사회는 주로 부의 정도, 직업의 사회적 지위, 학업 성취 수준 등 외적·물질적 영역을 중심으로 성공을 평가하는 경향이 있다. 몇 년 전 온라인에서 화제가 된 '나라별 중산층 기준' 비교[16]는 이러한 한국 사회의 특성을 잘 보여준다. 한국인이 제시한 중산층의 기준은 대부분 경제적 요소였다. 반면 미국 공립 학교와 영국 옥스퍼드대학교가 제시한 중산층 기준에는 사회적 책임감, 공정성과 정의, 자기 신념 등 내적 가치가 포함되었다.

매년 국가별 가치관의 변화를 추적하는 세계 가치관 조사World Values Survey에서도 한국이 상대적으로 높은 수준의 물질주의적 가치관이 지배하는 사회임이 드러난다.[17] 특히 눈부신 경제 발전에도 불구하고 물질을 추구하는 정도가 여전히 높게 나타나는 점은 여타 선진국과 다른 독특한 양상이다. 물질주의란 물질의 획득을 인생의 중요한 가치로 두고 얼마나 많은 물질을 획득했는지를 성공의 잣대로 삼는 태도를 말하는데, 행복 연구의 권위자 에드 디너Ed Diener 박사는 한국인의 행복도가 낮은 원인으로 이러한 물질 중심적 가치관을 지목했다. 물질을 추구하는 것 자체가 나쁘진 않지만, 하나의 가치에 지나치게 몰입하면 사회적 관계나 개인의 심리적 안정 등 다른 가치의 중요성을 간과하게 되어 행복으로부터 멀어진다는 것이 그의 설명이다.[18]

흔히 한국 사회의 주요 문제점으로 지적되는 다양성 부족은 실패를 판단하는 맥락에서도 중요하다. 한국 사회 특유의 획일화된 가치관은 개인의 실패감을 강화하는 조건으로 작용할 가능성이 높다. 개인에게 사회적 인정을 제공하는 가치의 기준이 다양하지 않으면 특성과 재능이 제각각인 개인의 기여를 제대로 평가하지 못할 뿐 아니라 개인의 고유한 장점을 발견하고 발전시킬 수 있는 기회도 제한된다. 특히 부와 지위, 학벌 같은 외적·물질적 자원은 모든 사람에게 똑같이 돌아갈 수 없는 한정된 것이기에, 많은 사람이 불가피하게 실패감을 경험할 수밖에 없다.

나의 실패를 타인이 규정한다

한국인이 느끼는 실패감의 배경에는 타인을 지나치게 의식하는 태도도 중요한 요소로 작용한다. 데이비드 E. 콘로이David E. Conroy 등의 연구[19]에 따르면 실패의 두려움을 구성하는 다섯 가지 차원 중 두 가지가 타인과 관련된 것이었다. 바로 실패하면 '다른 사람의 기대나 관심이 감소할 것에 대한 불안'과 '중요한 사람을 실망시킬 것에 대한 불안'이다.

특히 한국 문화에서 이러한 타인 지향적 성향이 두드러진다. 문화 심리학자들은 한국을 관계주의가 지배적인 사회로 본다.[20] 서양의 개인주의 문화와 달리 한국의 관계주의 문화에서는 개인의 의사 결정과 자기 평가에 타인의 기대나 시선이 큰 영향을 미친다.

실제로 개인이 실패로 여기는 경험을 수집해보면 많은 한국인이 타인의 기대나 시선 때문에 원치 않는 목표를 설정하고 이로 인해 내적 동기 부족으로 과업을 완수하지 못하거나 만족감을 얻지 못하는 경우를 종종 접한다. 또한 스스로 만족스러운 선택을 했는데도 중요한 타인에게 긍정적 반응을 얻지 못하거나 부정적 반응을 받으면 실패했다고 여기는 경우도 있다.

　다른 한편으로 실패감을 만들어내는 가장 강력한 도구가 '타인과의 비교'다. 성공한 것으로 여겨지는 사람과 비교하기만 해도 '실패한 것 같은 느낌'에 사로잡힐 수 있다. 특히 SNS가 보편화된 후, 우리는 전에 없이 다양하고 많은 사람의 존재를 가까이에서 접하며 더 쉽게 타인과 비교할 수 있게 되었다. 문제는 SNS로 드러나는 타인의 삶이 대개 실제보다 긍정적으로 편향되어 있다는 점이다. 그리하여 더 많은 부, 더 많은 성공, 더 많은 행복이 전시되는 SNS 게시물 속 편집된 타인의 모습과 자신의 현실을 비교하는 행위가 상대적 박탈감과 충족 불가능한 욕구를 끊임없이 만들어낸다.

　더불어 SNS는 다른 사람들의 성취와 경험을 실시간으로 목격하면서 자신이 뒤처지고 있다는 불안감을 느끼는 FOMOFear of Missing Out 현상을 초래하고, 끊임없이 새로운 트렌드와 기회에 노출되면서 모든 것을 따라가지 못한다는 압박감을 느끼게 하기도 한다. 이러한 타인 지향적 성향과 과도한 비교는 한국인으로 하여금 자신의 진정한 욕구와 가치를 간과하게 만들고 계속 실패감을 느끼게 만든다.

시간 압박에 시달리는 사회에서 실패는 사치

"콜럼버스의 아메리카 대륙 발견은 인도를 찾아 떠난 콜럼버스에게 대실패였다"라는 말이 있다. 그러나 오늘날 누구도 콜럼버스의 신대륙 발견을 실패로 규정하지 않는다. 오히려 세계사를 바꿀 만큼 큰 역사적 진보를 이룬 사건이었다.

이렇듯 우리 삶을 보다 장기적인 시선으로 본다면 눈앞의 실수나 시행착오는 실패가 아닌 성공 혹은 성장의 과정으로 인식될 수 있다. 반대로 단기적이고 근시안적인 태도는 실패감이 잘 자라나는 토양이다. 하지만 한국 사회는 다양한 방식으로 압박을 가하여 시간에 대한 관점을 좁고 근시안적으로 만든다.

시간 압박을 가하는 주요 기제 중 하나는 '사회적 시계 Social Clock'다.[21] 사회적 시계란 특정 사회나 문화 체제 안에서 관습처럼 여겨지는 인생 주기를 말한다. 쉽게 말해 진학, 취업, 결혼, 출산 등 특정 나이대에 반드시 달성해야 하는 발달 과업이 존재한다는 믿음이다.

어느 사회나 사회적 시계의 압박이 존재하지만 획일적

인 가치관이 팽배하고 타인의 시선과 기준을 중시하는 한국인은 '어떤 일을 하기에 늦거나 이른 나이', '특정 나이대에 이루어야 하는 성취', '특정 나이대의 자산 평균치' 같은 연령 규범에 민감하게 반응하는 경향을 보인다. 실제로 실패연구소에서 1500명을 대상으로 실시한 도전과 실패에 관한 대국민 인식 조사에서 '한국 사회에서는 나이에 따라 그 시기에 해야 할 일을 해야 안정된 삶을 살 수 있다'라는 문장에 동의하는 비율이 83.4퍼센트나 됐다. 60세 이상의 베이비 부머 세대는 열 명 중 아홉 명이, 현재 20대인 Z세대 역시 열 명 중 일곱 명이 그러한 생각에 동의한다고 응답했다.

이러한 문화적 압력 아래에서 대다수는 사회적 시계에 맞춰 살고자 노력한다. 그러나 특정 나이에 기대되는 발달 과업을 완수하지 못하거나 지연되는 일은 흔하게 발생한다. 이렇게 사회적 시차가 발생하거나 사회에서 '일반적으로 기대되는' 수준에 못 미친다고 느낄 때 불안과 조급함을 느끼며 '실패한 것 같은 느낌'에 빠질 수 있다.

문제는 발달 과업을 완수하는 데 요구되는 자격의 기준과 노력의 양이 과거에 비해 매우 증가했으며 그러한 경향이 가속화하고 있다는 점이다. 실제로 오늘날의 청년은 기성세대와 비교하면 학업과 직업 영역에서 더 큰 노력을 기울이고 있는데도 같은 수준의 지위를 획득하는 데 평균적으로 더 긴 시간과 더 많은 비용이 든다. 이러한 상황에 놓인 청년은 사회적 시계에 뒤처지지 않기 위해 시간을 쪼개어 틈틈이 여러 노력을 채워나가지만, 동시에 지속적인 시간 압박을 느낀다.

그러니 청년이 '실패하더라도 더 크게 성공할 수 있는 옵션', '남들이 가지 않은 새로운 길'을 선택하는 대신 '실패할 확률이 적은', '참고할 사례가 많은' 선택지를 선호하는 것은 어쩌면 생존에 유리해서가 아닐까. 도전 의식이 부족해서가 아니라.

한국 사회에서 도전을 방해하는 진짜 문제

Q. 한국 사회에서 새로운 도전을 막는 장애물이 무엇이라고 생각하십니까?

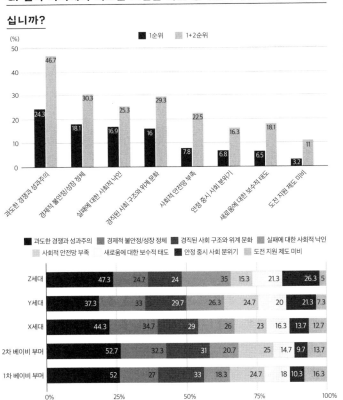

- 기준Base: n=1500(세대별 각 300명). 복수 응답(1+2순위). 백분율은 각 항목에 응답한 응답자 기준으로 산출된 비율(%).
- 세대 구분: Z세대(1997~2005년생), Y세대(1985~1996년생), X세대(1975~1984년생), 2차 베이비 부머(1965~1974년생), 1차 베이비 부머(1955~1964년생)

Q. 새로운 도전에 직면하거나 시도를 고려할 때 주로 느끼는 어려움은 무엇입니까?

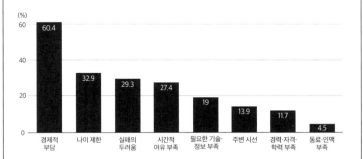

(%)
- 경제적 부담: 60.4
- 나이 제한: 32.9
- 실패의 두려움: 29.3
- 시간적 여유 부족: 27.4
- 필요한 기술·정보 부족: 19
- 주변 시선: 13.9
- 경력·자격·학력 부족: 11.7
- 동료·인맥 부족: 4.5

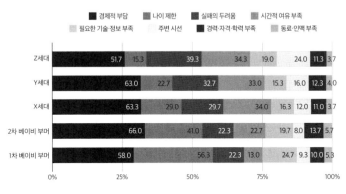

범례: ■ 경제적 부담 ■ 나이 제한 ■ 실패의 두려움 ■ 시간적 여유 부족 ■ 필요한 기술·정보 부족 ■ 주변 시선 ■ 경력·자격·학력 부족 ■ 동료·인맥 부족

세대	경제적 부담	나이 제한	실패의 두려움	시간적 여유 부족	필요한 기술·정보 부족	주변 시선	경력·자격·학력 부족	동료·인맥 부족
Z세대	51.7	15.3	39.3	34.3	19.0	24.0	11.3	3.7
Y세대	63.0	22.7	32.7	33.0	15.3	16.0	12.3	4.0
X세대	63.3	29.0	29.7	34.0	16.3	12.0	11.0	3.7
2차 베이비 부머	66.0	41.0	22.3	22.7	19.7	8.0	13.7	5.7
1차 베이비 부머	58.0	56.3	22.3	13.0	24.7	9.3	10.0	5.3

- 기준Base: n=1500(세대별 각 300명), 복수 응답. 백분율은 각 항목에 응답한 응답자 기준으로 산출된 비율(%).
- 세대 구분: Z세대(1997~2005년생), Y세대(1985~1996년생), X세대(1975~1984년생), 2차 베이비 부머(1965~1974년생), 1차 베이비 부머(1955~1964년생)

3장 새로운 도전을 방해하는 진짜 문제

실패연구소에서 진행한 도전과 실패에 관한 대국민 인식 조사 결과는 한국 사회의 현주소를 잘 보여준다. 새로운 도전을 막는 가장 큰 장애물로 지목된 것은 '과도한 경쟁과 성과주의'(전체 응답자의 46.7퍼센트가 선택)였다.

한국 사회에서 '경쟁'에 대한 태도는 양면적이다. 한 여론 조사[22]에 따르면 한국 사회 구성원의 79퍼센트가 '경쟁이 생산성 향상에 도움이 된다'라고 인정하면서도 동시에 62퍼센트는 '한국 사회에서 경쟁의 부작용이 심각하다'라고 우려했다. 이러한 경쟁 중심 문화가 도전과 혁신의 장애물이 된다는 것은 대표적 부작용이다. 경쟁 중심 성과주의 문화에서 사람들은 불확실성이 높은 혁신적 시도보다 빠른 성과를 낼 수 있는 안전한 선택지를 선호한다.

'경제적 불안정/성장 정체'(30.3퍼센트), '경직된 사회 구조'(29.3퍼센트) 등은 전 세대에 걸쳐 공통적으로 높은 순위를 기록했다. 그러나 세부 인식에서는 세대별 차이가 관찰됐다. Z세대는 '실패에 대한 사회적 낙인'(35퍼센트)을 특히 심각한 문제로 봤다. 전반적으로 젊은 세대는 문화적 요인을, 기성세대는 제도적 요인을 중요하게 인식했다. 도전을 시도할 때 느끼는 개인적 어려움도 세대별로 다르게 나타났다. '경제적 부담'(60.4퍼센트)은 전 세대가 공통적으로 꼽은 최대 난관이었으나 그 외에는 세대 간 차이가 뚜렷하게 나타났다. 현재 50~60대인 베이비 부머 세대는 '나이 제한'을, 40대 이하는 '실패의 두려움'과 '시간적 여유 부족'을 주된 어려움으로 꼽았다.

특히 현재 청년이라 할 수 있는 Z세대와 Y세대의 응답에 주목할 만하다. 이들은 새로운 도전에 어려움을 느끼는 이유로 '실패의 두려움'(Z세대 39.3퍼센트, Y세대 32.7퍼센트)과 '주변 시선'(Z세대 24퍼센트, Y세대 16퍼센트)을 선택한 비율이 다른 세대에 비해 유의미하게 높았다. 이는 SNS에서 끊임없이 타인의 평가에 노출되는 디지털 네이티브의 특성을 반영한다.

마지막으로 꼭 짚고 싶은 것이 있다. 도전을 막는 장애물에 대한 질문에서 '도전 지원 제도 미비'는 응답자들의 가장 적은 선택을 받았다. 이 결과를 반드시 주목하자. 기업이나 정부에서 도전적이고 혁신적인 시도를 활성화하기 위해 가장 먼저, 가장 쉽게 꺼내 드는 카드가 새로운 프로그램이나 제도를 만드는 것이기 때문이다. 물론 창업 지원 제도 같은 각종 지원 프로그램이 도전하는 이에게 도움이 되는 것은 사실이다. 그러나 이는 표면적인 처방에 불과할 뿐 본질적인 해결책이 될 수 없다. 과도한 경쟁, 실패에 대한 사회적 낙인, 경직된 사회 구조 같은 근본적인 문제들이 해결되지 않는 한, 어떤 지원 제도도 온전한 효과를 거두기 어려울 것이다. 그러므로 진짜 문제를 해결하고 싶다면 보다 근본적인 원인을 진단하고 개선 방안을 함께 모색하는 노력이 필요하다.

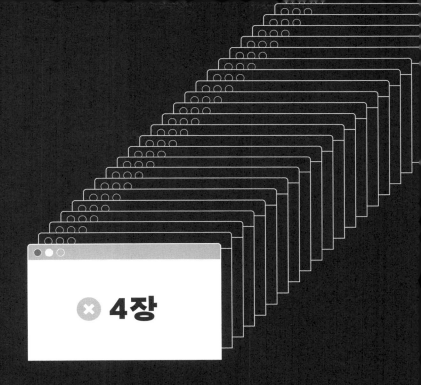

4장

실패의
발견

실패와 포토보이스의 만남

실패연구소를 처음 시작할 때에는 하고자 하는 일의 방향성도, 전하고 싶은 메시지도 분명했다. 그러나 1년쯤 지나자 데이터와 활동은 쌓이는데 오히려 방향성이 점차 모호해지는 느낌을 받았다. 실패연구소는 그 시도만으로 실패를 새로운 시각으로 보게 만들었지만 그 신선함만으로 진짜 문제를 해결하기란 불가능해 보였다. 시도는 거창했으나 결과를 알 수 없는 다른 많은 캠페인처럼 '실패를 두려워하지 말고 도전하라'라는 구호만 남고 실제 변화를 만들어내지 못하는 상황이 될까 걱정되기 시작했다.

우리는 과연 무엇을 놓치고 있는 걸까? 돌파구가 필요했다.

고민 끝에 우리는 좀 더 구체적인 대상에 초점을 맞추기로 했다. 국내 최초로 '실패'라는 주제를 전면에 내세운 연구소로서 처음에는 다양한 영역의 실패를 모두 아우르는 종합 연구소의 청사진을 그렸다. 그러나 '실패'라는 주제를 깊이 이해할수록 카이스트 구성원의 문제에 좀 더 집중해야겠다는 판단에 이르렀다. '실패의 가치를 다시 보아야 한다', '실패에서 배우는 것이 중요하다' 같은 명제에 대부분 수긍하지만, 각자의 분야나 전공, 일하는 조직의 목적이나 특성에 따라 실패에서 찾아낼 수 있는 가치와 교훈이 제각기 다를 것이기 때문이었다.

우리는 왜 카이스트가 실패연구소를 만들었는가 하는 질문으로 다시 돌아갔다. 먼저 카이스트 구성원이 실패를 다르게 보고 실패에서 배우는 변화를 만들어가는 것이 현실적인 목표라는 결론에 도달했다. 다양한 분야의 실패 담론에 귀를 기울이고 협업할 기회를 열어두되, 우선 카이스트 구성원, 그중에서도 학생들을 어떻게 변화시킬 수 있을지에 집중하기로 했다. 그렇게 우리가 스스로 변화를 만들어내는 사례가 되어보자는 목표를 세웠다.

이를 위해서는 카이스트 구성원이 실제로 경험하는 실패를 좀 더 제대로 알 필요가 있었다. 그들이 실패라고 느끼는 순간이 언제이며, 학업과 연구 과정에서 실패라고 여겨지는 일은 얼마나 자주 일어나는지, 그 실패가 어떤 경우에는 성공의 밑거름이 되지만 어떤 경우에는 회복 불가능한 좌절의 구렁텅이로 빠트리는지 구체적인 탐색과 분석이 필요했다.

그 과정에서 '포토보이스'라는 방법을 알게 됐다. 포토보이스는 특정 주제에 대한 사진을 찍고 그 사진을 매개로 사람들의 생각과 의견을 이끌어내는 질적 연구 방법이다. 역사적으로 이 방법은 소외된 사람, 즉 권력자에게 목소리가 전달되지 않는 사람의 경험과 관점을 부각시키는 데 사용되어왔다. 이 방법론에서 중요한 점은 참여자가 직접 사진을 찍고 그 사진을 바탕으로 자신의 경험을 이야기하는 것이다. 이는 단순히 외부인의 시선이나 통념이 아닌 실제 삶을 기반으로 한 목소리를 드러내는 중요한 역할을 한다.

이 방법을 처음 알았을 때, 실패 경험을 수집하고 공유하기에 아주 적합한 도구라는 생각이 들었다. 누구나 실패를 경험하지만 실패 경험은 삶의 이야기에서 자주 소외된다. 실패는 분명 존재하지만 한국 사회에서 마치 없는 것처럼 취급된다. 실패 이야기를 나누는 방법이나 언어가 빈약한 것도 바로 이 때문이다.

실패연구소에서 활동하며 만난 사람들 중에 누구보다 실패에 대해 할 말이 많다고 자신하는 경우도 꽤 있었다. 처음에 그들은 자신만큼 많이 실패해본 사람은 없을 것이라며 다양한 이야기를 들려주겠다고 호언장담했다. 하지만 막상 들어보면 극단적인 신파로 과장되거나 매끄러운 교훈으로 단순화되는 경우가 많았다. 이런 사례를 반복적으로 접하는 과정에서, 이것이 실패를 꺼내어 이야기해본 경험이 부족해서 발생하는 현상이라는 생각을 자주 했다. 대부분의 사람이 스스로 실패라고 생각하는 것이 상대에게 어떻게 받아들여질지 몰라 주저하거나, 자신의 경험을 적절한 언어로 표현하는 일에 어려움을 느꼈다.

이런 맥락에서 포토보이스는 '사진'이라는 매개체를 쓴다는 점이 매력적이었다. 시각적으로 구체적인 장면을 바탕으로 이야기를 풀어나간다면 쉽게 끄집어내기 어려웠던 이야기도 자연스럽게 나올 수 있지 않을까. 또한 과정이 생략된 채 결과만 남은 실패가 아닌 무언가를 해나가는 과정에서 발생하는 실패를 실시간으로 수집할 수 있겠다는 기대감도 있었다.

대부분의 포토보이스 연구 프로그램이 그 결과를 공청회나 사진전 형태로 커뮤니티와 공유한다는 사실 역시 좋았다. 기존에 이루어진 대부분의 실패 캠페인이 실패 경험을 공유하는 세션을 중심으로 하는 이유는, 실패를 공유하는 행위 자체에 사회적으로 숨기기를 요구받는 것을 밖으로 드러내는 동시에 사람들을 연결하는 힘이 있기 때문이다. 실패연구소도 구성원의 에세이를 공모해 학내에 공유하는 프로그램을 계속해왔는데, 여기에 시각적 자료가 추가되면 더 효과적일 것 같았다. 어떤 사진이 수집될지는 예상하기 어려웠지만 학생들이 실제 일상에서 건져낸 장면이라면 다른 학생들도 꽤 관심을 가질 법했다.

그렇게 'KAISTian Photogragh, 당신의 일상을 포착해주세요' 프로젝트가 시작됐다. 이 프로그램은 오픈하자마자 정말 많은 학생이 관심을 보여 공지 첫날에 이미 예상보다 훨씬 많은 학생이 참가 신청을 했다. 그중 최종적으로 약 서른 명과 함께 프로젝트를 시작했다. 학부생부터 석박사 과정생, 한국인과 외국인 학생, 풀타임과 파트타임 학생 등 다양한 배경과 전공의 학생이 모였다.

프로그램 참여 방법은 간단했다. 참여자들은 약 3주 동안 일상에서 '실패' 혹은 '실패감'이 떠오르는 장면을 사진으로 찍어 최소 열 장을 제출해달라는 과제를 받았다. 이 과제를 수행하려면 적어도 3주 동안은 머릿속 한구석에 '실패'라는 주제를 계속 떠올리고 있어야 했다. 실패(감)의 순간이 불현듯 눈앞에 펼쳐졌을 때 그 순간을 포착해야 했기 때문이다. 사진은 실시간으로 그때그때 온라인으로 업로드하면 되는데, 그 장면에서 왜 실패가 떠올랐는지, 이 장면을 왜 다른 사람과 공유하고 싶었는지 간단한 코멘트를 작성해달라고 요청했다.

이 가이드를 설명하는 과정에서 실패에 대한 명확한 정의는 따지지 않아도 된다고 말했다. 평소 실패에 대해 어떤 인식이 작동되는지를 탐색하는 것이 목적이었으므로 고정된 실패의 정의에서 출발하지 않았다. 누군가가 어떤 상황 혹은 장면에서 실패를 떠올렸다면 그 장면에서 왜 실패라는 단어를 떠올렸는지 역으로 추적해가면서 실패에 대한 인식을 스스로 생각해보자는 취지였다.

이 프로그램의 하이라이트는 각자가 포착한 실패 장면을 한데 모여 공유하는 시간이었다. 워크숍을 시작하기에 앞서 참여자들에게 제출한 사진 가운데 다른 사람과 공유하고 싶은 사진 세 장을 먼저 골라달라고 요청했다. 이 과정은 특성이 유사한 학생들을 중심으로 몇 개의 그룹을 나누어 진행했는데, 학부생만 모인 그룹, 대학원생만 모인 그룹, 외국인 학생만 모인 그룹 등 삶의 고민이 비교적 비슷하리라 예상되는 동질 집단을 중심으로 공유 대화를 진행했다.

자, 카이스트 학생들은 과연 어떤 사진을 찍어 왔을까?

이것은 실패가 아니란 말인가?

실패는 일상, 그러나 모든 실패가 부정적이진 않다

    카이스트 학생은 어떤 실패를 경험할까? 3주 동안 참여자들은 제각기 본인이 실패했다고 느낀 순간을 사진으로 찍어 보냈다. 그렇게 수집된 400여 장의 사진 중 절반 정도는 실험실이나 연구실, 책상과 컴퓨터 앞에서 촬영된 것이었다.

    참여자들이 보낸 장면 가운데 일부는 그저 보기만 해도 무언가 잘못되어가고 있다는 사실을 한눈에 알 수 있는 것이었다. 부서진 실험 도구, 시료 1밀리리터가 부족해 일주일이 미뤄진 실험, 밤새 만들었지만 작동하지 않는 기계, 형체를 알아볼 수 없이 말라버린 식물학 수업 과제용 화분, 오류로 기괴한 결과물을 산출하는 프로그램 등이 그 예였다.

하얀색 바탕에 쓰인 까만색 문자와 숫자 앞에서 낭패감을 느끼는 경우도 많았다. 발제 시간이 10분밖에 남지 않았는데 여전히 제대로 이해하지 못한 논문, 아무리 반복해도 이해하기 어려운 수식, 구글 검색창과 챗GPT조차 명쾌한 해결 방법을 알려주지 않는 문제들…. 저마다 최선을 다했고 여전히 고군분투하고 있지만 결국 원하는 결과에 다다르지 못할 듯한 불안이 엄습하는 순간들이었다.

기대에 못 미치는 결과를 얻고 좌절하는 순간들도 포함돼 있었다. 만족스럽지 못한 발표를 끝낸 후, 낮은 평가 점수를 받고 충격을 받은 순간, 지도 교수의 실망스러운 피드백 등 학교생활의 여러 순간이 담겨 있었다.

전공도, 연구 주제도 제각기 달랐지만 이 사진들을 공유하는 과정을 모두가 흥미로워했던 이유는 대부분 비슷한 경험을 한 적 있었기 때문이다. 사진과 꼭 같지는 않아도 각자의 연구실에서, 각자의 삶에서 유사한 일이 자주 일어났다. 이런 상황에 모두 실패라는 이름을 붙인다면 카이스트에서는 실패하는 것이 정말로 일상이었다.

그래서인지 몇몇 대학원생은 "실패는 디폴트default"라는 말을 자주 언급했다. 성공이 아니라 실패가 기본값이라는 의미다. 실패가 기본값이라는 사실을 받아들이고, 실패하지 않기보다 크고 작은 실패에 크게 휘둘리지 않는 회복 탄력적 마인드셋을 장착한 듯한 학생도 더러 보였다.

"저는 어느 순간부터 실험은 성공이 아니라 실패가 기본이라고 생각하기 시작했어요. 대부분 잘 안되니까요. 실험이 성공하면 오히려 뭐가 잘못된 게 아닐까 싶을 정도로요. 하지만 실패가 당연하다고 생각하니 실패할 때 영향을 덜 받는 것 같아요."

"선배들은 항상 말해요. 그러니 일희일비하지 말라고요. 그냥 이 시간이 지나면 논문도 출판되고 졸업도 할 거라고요. 막상 실패를 겪으면 그게 말처럼 쉽진 않지만 저보다 한발 먼저 간 사람들 이야기니까 한번 믿어보려고 해요."

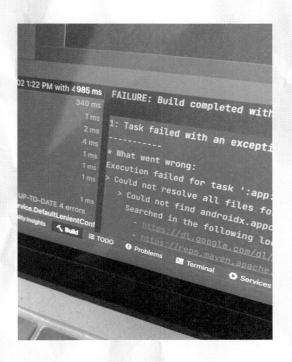

평소에는 실패라는 단어를 자주 쓰지 않는데,
코딩할 때에는 유독 실패라는 단어를 자주 본다.
코드가 조금만 잘못되면 바로
'failed'라는 에러 메시지가 뜬다.
어떤 면에서는 내 삶에서 가장 쉬운 실패다.

포토보이스 과제를 통해 자신의 삶에서 발생하는 실패를 유심히 관찰한 학생들 중에는, 실패가 일상에서 흔하다는 사실뿐 아니라 그럼에도 모든 실패가 부정적이진 않다는 사실을 발견한 이들도 있었다.

코딩 화면을 실패 장면으로 제출한 서영이는 '내 삶에서 가장 쉬운 실패'라는 메모를 남겼다(169쪽 참고).

'가장 쉬운 실패'가 무슨 뜻인지 물었을 때, 서영이는 이렇게 설명했다.

"코딩에서의 실패는 금방 수정할 수 있잖아요. 에러가 뜨면 그게 내가 고쳐야 할 부분을 알려주니까 오히려 고마운 실패 같기도 해요. 저한테 더 어렵고 힘든 실패는 벗어나고 싶어도 벗어날 수 없는 고착화된 실패, 만족스럽지 않은데 뭘 고쳐야 할지 모르는 실패인 것 같아요."

언제 실패는 최악의 흐름으로 흘러가는가

참여자들이 제출한 과제를 살펴보다 보니 사진상으로는 동일한 상황인데도 그것을 심각하게 여기는 정도는 제각각이란 사실을 깨달았다. 서영이처럼 코딩 에러 화면을 마주한 상황을 가정해보자. 과제 제출 시간이 충분히 남아 있는 상황에서는 그 에러를 '고마운' 혹은 '작은' 실패라 여기며 수정할 기회를 얻었다고 생각할 수 있다. 그러나 만약 마감 기한이 한 시간도 남지 않은 상황에서 또는 기말시험 기간 중 밤새 작업한 과제에서 같은 에러 시그널이 반복된다면 어떨까? 그 실패를 가볍게 여길 수 있을까?

똑같은 에러가 눈앞에 나타나도 그것이 언제, 어떤 상황에서 발생했는가가 그 실패의 무게를 크게 좌우한다. 그리고 그 영향력을 다르게 만드는 변수 중 가장 절대적인 요소는 '시간'이었다. 즉 그 실패한 일이 '무엇'인가보다 '언제' 일어났는가가 영향력 측면에서 중요하게 작용한다. 실제로 실패 사진과 함께 제출된 코멘트에서 가장 많이 언급된 단어가 '시간'이었다. 시험, 과제, 실험, 연구, 교수님 등 실패의 연관 단어로 쉽게 예상할 수 있는 키워드보다 '시간'이 더 자주 등장했다.

시간이 실패의 부정적 영향력을 극대화할 때는 주로 어떤 상황일까?

첫째, 이미 많은 시간을 쏟았지만 그럴듯한 성과가 보이지 않는 경우다. 저마다 졸업, 장학금, 논문 출판, 어려운 개념 이해 등을 위해 이미 많은 시간을 투자했는데 도무지 끝이 보이지 않을 때, 특히 비슷한 실패가 반복되거나 진전을 체감하지 못할 때를 떠올리면 된다. 계속된 노력이 원하는 결과로 이어지지 않을 것 같은 두려움이 불안을 키운다.

둘째, 시간이 부족한 상황에서 좋지 않은 결과를 직감하는 경우, 이를테면 좋은 성과를 내고 싶지만 실험이 늦어지거나, 준비할 시간이 촉박한데 실패를 예감하는 순간이 그예다. 이러한 상황에서는 실패 그 자체보다 시간이 부족해 목표나 원하는 결과를 달성하지 못할 것이라는 압박감이 부정적 감정을 증폭시킨다.

이 두 가지 상황 모두에서 실패감의 원천은 눈앞에 일어난 실패가 아니라 성공의 불확실성이었다. 충분한 시간과 노력을 들여도 결국 좋은 점수를 얻을 수 없을 것 같다는 생각이 실패의 두려움으로, 본인의 실력이나 자격에 대한 의심으로 퍼져 나갔다. 이미 시간을 많이 들였으니 포기하기 어려운데 더 나아가거나 좋은 결과를 얻을 가능성이 희박해 보이는 상황에서 매몰 비용의 함정에 빠진 것은 아닌지 자문하는 학생도 있었다.

한편 자신의 실수나 실패가 다른 사람에게 피해를 주었다고 느끼는 경우에도 부정적 영향력이 커졌다. 개인의 성격이나 연구실 분위기에 따라 정도 차이는 있었지만, 인터뷰를 하다 보면 교수, 선배, 동료에게 도움을 요청하기 어려워하는 학생을 꽤 많이 만난다. 실제로 카이스트 구성원이 학교생활에서 느끼는 심리적 안전감에 대한 설문 조사에서 '카이스트 구성원에게 도움을 구하는 것은 어려운 일이다'라는 질문에 학부생과 대학원생의 40퍼센트, 교수의 65퍼센트가 '그렇다'라고 대답했다.[1]

학생들은 도움을 요청하거나 질문하는 것이 자신의 무지나 능력 부족을 드러내는 일일까 두려워하는 경우가 많았다. 문제를 최대한 스스로 해결하려 하다가 도움을 구할 시기를 놓치는 경우도 더러 있었다. 사례를 들여다보며 발견한 한 가지 흥미로운 사실이 있었는데 이러한 인식의 기저에도 '시간'에 대한 고려가 들어 있다는 점이었다. 교수뿐 아니라 선배와 동료가 모두 '바쁘기 때문에' 나를 돕는 것 말고도 바쁘고 할 일 많은 사람에게 도움을 구하는 것은 어려운 일, 시간을 뺏는 죄송한 일이라고 여기는 경우가 많았다. 이러한 생각이 바탕에 깔린 채 자신의 실수나 실패로 바쁜

4장 실패의 발견

그들의 계획이나 일정에 차질을 생기거나 시간이 낭비되는 상황이 벌어지면 혼자 실패했을 때보다 훨씬 부정적으로 느꼈다.

마지막으로, 어떤 일의 초보자일 때 경험하는 실패는 더욱 부정적으로 인식했다. 특히 대학원 생활을 갓 시작했거나 새로운 연구실이나 학교에 적응해야 하는 학생에게서 초보자의 두려움이 크게 나타났다. 눈앞에 실패라고 여길 만한 상황이 발생했을 때, 그 실패가 얼마만큼 큰 실패인지, 해결하는 데 시간이 얼마나 걸리는지, 어떻게 대처해야 하는지, 스스로 대처할 수 있는 종류의 일인지 등을 판단할 경험이 별로 없기 때문이었다.

반대로 숙련자가 실패에 상대적으로 덜 부정적인 이유는 다양한 상황에서 성공하고 실패해본 경험이 두루 많기 때문이다. 그래서 실패하더라도 문제를 해결할 수 있는 다양한 방법과 자원, 효능감을 가지고 있는 경우가 많다. 실제로 카이스트 구성원 대상으로 실패의 두려움 정도를 측정했을 때, 교수 집단이 학부생 및 대학원생에 비해 두려움 수준이 현저하게 낮았다. 측정 결과를 세부적으로 들여다보았을 때 가장 눈에 띈 것은 저학년일수록 실패가 능력이나 재능 부족을 보여주는 신호일지 모른다는 불안감이 컸다는 점이다. 즉 숙련자일수록 성공과 실패에 재능 외에도 운이나 기회 등 다양한 변수가 개입한다는 현실을 잘 받아들이고 있는 반면, 초보자일수록 실패를 '능력 부족'으로 착각할 가능성이 높다.

포켓몬 스티커 뽑기 실패,
이런 것도 실패라는 깨달음

포토보이스 프로그램에 참여한 학생들은 마지막 단계인 워크숍에서 본인이 찍은 사진을 발표하기까지 여러 번 자신의 경험을 선택하고 다듬는 과정을 거친다. '실패'라는 단어가 떠오르는 장면을 보고 사진을 찍는 순간부터 사진첩에서 과제로 제출할 사진을 선택하는 순간, 그 사진과 함께 자신의 생각을 글로 정리하는 순간까지 이 모든 과정에는 자연스럽게 판단이 담긴다. 적어도 서너 번은 이 장면을 왜 자신이 실패라고 여기는지, 다른 사람과 공유할 만한 경험인지 생각하게 된다. 평소에는 그냥 지나쳤을 상황을 들

0029 니드런♀

@Pokémon

귀여운 실패 사진이다.
포켓몬 초코빵에서 안 귀여운 스티커가 나왔다.
'뽑기 실패!'라는 말이 절로 나왔다.
생각보다 '실패'라는 단어를 무거운 일에만
사용하지 않는다는 걸 깨달아서 조금 놀랐다.

여다보고 곱씹는 과정에서 '실패'라는 단어의 의미를 새삼 고민하게 된다.

현지는 매점에서 산 포켓몬 초코빵의 띠부씰(스티커) 사진을 제출했다. 피카츄까지는 아니어도 내심 고라파덕이나 꼬부기 같은 귀여운 포켓몬 스티커가 당첨되기를 바랐지만, 현지의 손에 들어온 건 이름마저 생소한 니드런이었다. 현지는 이 사진과 함께 "'실패'라는 단어를 무거운 일에만 사용하지 않는다는 걸 깨달아서 조금 놀랐다"라는 메모를 남겼다(176쪽 참고).

현지가 "놀랐다"라고 한 이유는 평소 완전히 망해서 더 이상 돌이킬 수 없을 때나 '실패'라는 단어를 쓴다고 생각해 왔기 때문이다. 그에게 '실패'는 파산이나 재난 같은 일을 겪는 것과 같은 의미였고, 이제껏 본인의 삶에서 실패라고 여길 만한 경험이 별로 없다고 생각했다. 그래서 이 프로그램 참여를 망설였을 정도다. 그러나 이번 과제를 통해 본인의 일상을 관찰하면서, 그리고 워크숍에서 다른 사람들이 '실패'라고 여기는 경험에 공감하는 자신을 보면서 실패의 정의를 다시 생각해보게 되었다고 했다.

"예전처럼 실패를 극단적으로 생각할 때에는 확실히 제 삶에 실패가 별로 없었어요. 그렇게 생각했던 저는 늘 실패가 일어날까 봐 무서웠고, 그래서 피하고 싶은 마음이 컸던 것 같아요. 그런데 포켓몬 스티커 뽑기 실패처럼 사소한 실패가 일상에서 흔하게 일어나는 일이라고 생각하니까, 제 삶에 실패가 너무 많아져도 오히려 어떤 실패든 편하게 받아들일 수 있겠다는 생각이 들었어요."

워크숍에서 현지는 이러한 생각을 공유하며 "그런데 두 가지 방식 가운데 실패를 어떤 방식으로 바라보는 것이 더 좋고 건강한지는 아직 잘 모르겠다"라며 다른 사람들의 생각을 물었다.

이 질문에 정답이 있을까? 정답을 찾는 것은 그리 중요한 일이 아닐지도 모른다. 더 중요한 것은 우리가 실패를 어떻게 바라보느냐에 따라 실패를 대하는 마음이 달라질 수 있다는 점을 인식했다는 사실, 그리고 그 생각의 과정을 함께 고민해봤다는 부분에 있을 것이다.

왜 나는 내 삶이 실패라고 느꼈을까?

영수는 포토보이스 참여자 가운데 가장 기억에 남는 학생 중 한 명이다. 첫 만남에서 밝힌 지원 동기부터 인상적이었다.

영수는 평소 자신의 삶이 실패했다고 느낄 때가 많았다. 어느 날 메일함에 뜬 실패연구소 뉴스레터를 보고 친구에게 농담 삼아 "여긴 나 같은 사람을 연구하는 곳인가 봐"라고 말할 정도였다. 포토보이스 참여자 모집 공고를 보았을 때에도 실패연구소가 어떤 곳인지 궁금한 마음, 일상 속 실패를 사진으로 기록하는 과제는 누구보다 잘할 수 있겠다는 생각으로 지원했다.

3주간의 일상 관찰 과제를 마치고 열린 워크숍에서 영수는 의외의 소감을 전했다. 예상과 달리 실패라고 할 만한 사건이 생각보다 많지 않았다는 것이다. 평소 연구실 생활을 떠올려봤을 때 실패 사진 열 장을 찍는 건 하루 만에 금방 끝나리라 생각했는데, 실제로는 3주 동안 열 장을 채우기도 어려웠다고 고백했다.

4장 실패의 발견

"실제로는 제 일상에 실패가 별로 없는데 왜 항상 실패하고 있다고 느꼈을까요? 약간 뒤통수를 맞은 기분이었어요. 과제는 실패할 뻔했지만, 이런 발견을 했다는 점에서 제게 이 프로젝트는 성공이에요."

처음 영수에게서 자신을 실패한 사람처럼 느낀다는 이야기를 들었을 때, 그 말이 매우 익숙하게 들렸다. 영수만의 특수한 상황이 아니었기 때문이다. 실패연구소에서 만난 많은 카이스트 학생이 '왠지 모르게 실패한 것 같은 느낌'에 사로잡혀 있음을 고백하곤 했다. 그래서 영수가 3주간의 일상 관찰을 통해 어떤 이야기를 들고 올지 궁금했다. 그것이 카이스트 학생이 자주 느끼는 그 막연한 실패감의 원천을 이해하는 단서가 될 수 있을 듯했다.

영수를 통해 그가 막연히 느끼는 '실패한 것 같은 느낌'이 실제 실패 사건에서 비롯된 것이 아니라 일종의 고정 관념이자 착각이었다는 사실을 알 수 있었다. 평소에는 느낌만으로 학교생활에 실패가 많다고 짐작했지만, 실제 관찰한 결과 그 실패감에 근거가 별로 없었던 것이다.

유란 역시 비슷한 이야기를 꺼내놓았다. 소속된 연구실

에서 랩장을 맡고 있는 그의 일상에는 포토보이스 과제를 하는 동안에도 많은 일이 일어났다. 실험 과정에서의 실수, 아무리 해봐도 결과가 안 나오는 실험, 돌발 상황으로 인한 지도 교수의 갑작스러운 호출, 연구실 구성원들의 갈등 등 부정적인 감정을 불러일으키는 일이 하루에도 여러 번 일어났다. 그렇지만 그 모든 순간을 실패 과제로 제출하지는 않았다.

> "평소 같았으면 '또 실패했네', '왜 나한테 이런 일이 계속 일어나지?' 하며 불평했을 일들을 막상 실패 과제로 제출하려니, 이게 과연 실패라고 할 만큼 큰일인가 고민하게 되었어요. 대부분 그저 단순히 수정하면 되는 일이었고 결과적으로 큰 문제로 이어지지 않았거든요. 굳이 이런 걸 실패라고 규정할 필요 없겠다는 생각이 들었어요. 오히려 이렇게 찬찬히 들여다보니 상황을 더 긍정적인 방법으로 풀어나가는 방법을 찾을 수 있겠더라고요."

유란의 이야기를 듣고 나니 영수의 말이 조금 더 잘 이해가 됐다. 아마 포토보이스 과제 기간에도 영수의 삶에는 평소와 비슷한 수준의 '실패'라고 여길 만한 사건이 일어났을 것이다. 하지만 과제를 하며 그것들을 자세히 관찰하면서 사실은 그렇지 않다는 것을 인식하게 되었다. 자신이 느끼는 감정과 눈앞에서 일어난 일을 구별함으로써 그렇다고 믿는 것과 실제 현실은 다를 수 있음을 깨달은 것이다.

최근 실패연구소에서 진행한 또 다른 프로젝트에서도 비슷한 발견의 순간이 있었다. 학부 연구생 스무 명에게 한 학기 동안 2주마다 설문지를 보내 연구 과정에서 느끼는 감정을 기록하게 했다. 설문은 즐거움, 자신감, 성취감, 열정 같은 긍정적 감정뿐 아니라 불안, 분노, 수치심, 좌절감, 지루함 같은 부정적 감정까지 포함하는 아홉 가지 성취 감정에 대해 '연구를 진행하면서 얼마나 자주 이런 감정을 경험하는지' 묻는 것이었다.

처음에는 좌절이나 불안 같은 부정적 감정의 빈도가 높을 것이라고 예상했다. 초보 연구자들이 연구 과정에서 여러 가지 실패를 경험할 가능성이 높다고 생각했기 때문이다. 게다가 대학원생이 모이는 커뮤니티에서는 온오프라인 할 것 없이 '연구'와 '대학원 과정'은 곧 '고난'이라는 암묵적 공감대가 형성되어 있지 않은가? 그런데 학생들에게서

한 학기 동안 수집한 데이터는 예상과 달랐다. 개인차는 있었지만 대부분의 학생이 연구를 진행하면서 긍정적 감정을 부정적 감정보다 더 자주 느꼈다고 보고했다. 학과 시험과 과제가 연구와 겹쳐 과부하가 걸리는 시기에도 마찬가지 결과가 나타났다.

이 결과에 가장 놀란 것은 2주마다 자신이 느낀 감정을 직접 기록한 학생들이었다. 자신들이 제출한 데이터인데도 종합적 패턴을 보고 흥미롭다는 반응을 보였다.

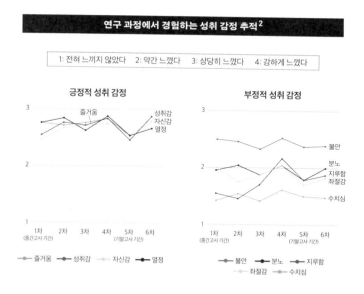

연구 과정에서 경험하는 성취 감정 추적[2]

1: 전혀 느끼지 않았다   2: 약간 느꼈다   3: 상당히 느꼈다   4: 강하게 느꼈다

4장 실패의 발견

그런데 조금 더 곰곰이 생각해보면 이 결과는 이상한 것이 아닐지도 모른다. 만약 연구가 정말로 고난의 과정이라면 '그럼에도 불구하고' 많은 학생이 연구를 지속하고 대학원에 진학하는 이유는 무엇일까? 어려움과 좌절, 수면 부족과 실패를 견딜 수 있게 해주는 긍정적 심리 요인이 존재한다는 뜻일 것이다. 그것은 미래에 대한 희망일 수도 있고 세상을 더 깊이 이해할 수 있다는 즐거움 혹은 성장하는 기쁨일 수도 있다.

실제로 이 프로젝트에서 학생들이 기록하거나 발언한 내용을 살펴보면, 학생들의 긍정적 성취 감정이 가장 높았던 기억은 대부분 오래 묵은 해결하기 힘든 문제나 좌절의 상황이 전환의 계기를 맞이할 때였다. 또한 연구가 잘 풀리지 않는 시기에도 새로운 기술을 배우고, 동료와의 대화에서 관점을 전환할 만한 힌트를 얻고, 이전에 보지 못한 논문을 발견하는 등 그 자체로 즐거움을 주는 순간이 자주 찾아왔다.

그런데도 우리는 이러한 긍정적인 면을 간과하며 살아간다. 어쩌면 생각보다 많은 영역에서 '실제'와는 다른 '느낌'을 실제라고 믿는지도 모른다.

심리학 연구에 따르면 때로는 긍정적 착각이 성취와 성공에 좋은 영향을 미친다. 사람들은 자신이 생각하고 믿는 대로 행동하며, 그러다 보면 믿는 바를 실현할 가능성도 높아진다는 주장이다. 이러한 현상을 '자기 충족적 예언'이라고 부른다.[3]

이러한 착각이 부정적일 때에도 같은 방식으로 작용한다. 평소 실패하지 않았음에도 자신을 실패자라고 여긴다면, 실제 성공을 이뤄내도 그 가치를 제대로 인정하지 못하고, 실패가 찾아올 때면 당연한 결과로 받아들이게 된다. 이러한 부정적 자기 인식은 작은 좌절에도 쉽게 포기하게 만든다. 그런데 만약 이 모든 것이 착각에서 비롯된 것이라면, 그리고 그 착각을 진실이라 믿고 꿈을 포기한다면 이 얼마나 억울한 일인가?

실패는 객관적 사실인가
주관적 판단인가

성공이 순식간에 실패로 바뀌는 경험

　성민이 제출한 포토보이스 사진들은 다른 학생들 것과 느낌이 사뭇 달랐다. 등하굣길이나 연구실, 공부하는 책상 등을 제출한 대부분의 학생과 달리, 성민의 사진에는 어느 기차역, 자동차 유리에 적힌 문구 등 학교생활과는 다소 거리가 먼 장면이 많이 등장했다. 그 모든 장면은 과제 기간 동안 성민이 실패에 대한 새로운 시각을 발견한 순간이었다.

　평소에는 실패를 깊이 생각해보지 않았던 성민은 이 프

로그램에 참여하며 실패가 예상외로 많은 생각거리를 던져 주는 주제라는 사실을 깨달았다고 했다. 처음에는 실패가 연구 대상이 되는 것을 이상하게 여겼지만, 이제는 실패를 더 깊이 연구해보고 싶다는 열의를 보였다.

워크숍에서 성민은 맛집에서 찍은 솥밥 사진 한 장(188쪽 참고)을 공유했다. 최근 대전 젊은이들 사이에서 소문난 식당이었다. 성민은 점원의 추천을 받아 메뉴를 선택했다. 테이블에 잘 차려진 솥밥을 한입 먹는 순간, 성민은 속으로 외쳤다. '이야, 오늘 메뉴 선택 대성공인데!'

그때 같이 간 친구가 자신이 주문한 다른 솥밥도 먹어보라고 했다. 친구의 밥을 한 숟갈 입에 넣은 순간. 맙소사, 조금 전의 성공이 순식간에 실패로 바뀌었다. 친구의 밥이 훨씬 맛있었기 때문이다.

기차를 놓친 후 다음에 올 기차를 기다리며 텅 빈 플랫폼을 담은 사진(189쪽 참고)도 있었다. 사실 성민은 며칠 전에 바로 눈앞에서 버스를 놓친 적이 있었다. 똑같이 이동 수단을 아쉽게 놓친 상황인데 며칠 전 그날보다 오늘의 실패가 더 크게 느껴졌다.

성민은 포토보이스 과제를 하면서 우리가 실패라고 부

르는 것이 절대적이지 않으며 어떤 시각에서 보느냐에 따
라 실패가 될 수도 있고 그렇지 않을 수도 있다는 생각을 자
주 했다. 즉 실패는 객관적인 것이 아니라 주관적이면서도
상대적인 판단에 의해 결정되는 것이다. 만약 성민이 솥밥
집에서 친구의 음식을 맛보지 않았다면 그날의 맛집 방문
은 영원히 성공의 기억으로 남았을 수 있다. 그러나 자신이
선택한 음식이 가장 맛있는 것이 아니었음을 알아차린 순
간 불과 1~2분 전의 성공은 더 이상 성공이 아니게 되었다.

무언가를 성공 혹은 실패로 여길 때에는 항상 상대적 판단
이 포함되어 있다.

　박사 졸업을 앞둔 민재 역시 포토보이스에 참여하는 내
내 비슷한 생각을 했다. 여느 대학원생처럼 민재의 대학원
과정에도 크고 작은 실패들이 많았다. 정확히 한 학기 전에
는 심사 통과된 박사 학위 논문을 인쇄까지 다 해놓고도 졸
업을 하지 못하는 일이 벌어졌다. 졸업 요건에 문제가 생겼
기 때문이다. 기나긴 대학원 과정에서 가장 어두운 실패의

　　　　　　　　　　　　　　　　　　　4장 실패의 발견

시기였다.

포토보이스 참여자 모집 공고를 처음 봤을 때 민재는 본인 주변이나 일상에서 실패를 찾기가 굉장히 쉬울 거라 생각했다. 그런데 막상 사진을 찍으려니 의외로 어려웠다. 만약 6개월 전에 이 프로그램에 참여했다면 어땠을까? 아마도 지금과는 느낌이 꽤 다른 사진들을 찍거나 더 우울하고 무거운 코멘트를 적어 냈을 것 같았다. 그때 깨달았다. 순간의 마음가짐이나 상황에 따라 어떤 사건을 커다란 실패라고 생각할 수도, 지나가는 과정이라고 생각할 수도 있겠다고.

민재는 포토보이스 프로젝트 기간 중 취업 면접을 망친 후, 그날 입은 정장 사진을 과제로 제출하며 다음과 같은 코멘트를 달았다.

"옛날 같았으면 정말 기분이 다운되어 있었을 테지만 이러한 상황을 몇 번 겪고 나니 좀 더 긍정적인 방향으로 생각하고자 합니다. 지금껏 꽤나 많은 면접과 시험을 거쳐왔고 당시엔 망친 결과에 실망하기도 했지만 전반적으로는 인생이 잘 흘러왔다는 사실을 깨달았기 때문입니다."

　민재가 이런 생각에 이른 것은 힘들었던 시간을 거치며 마음이 회복되거나 상황이 나아지는 경험을 반복했기 때문인지도 몰랐다. 그는 운동화 사진도 공유했는데 새 운동화에 묻은 진흙 얼룩이 유난히 눈에 띄었다. 아무리 열심히 닦아도 한번 더러워진 운동화는 깨끗해지지 않았다. 3주가 지난 후, 민재는 그 운동화를 신고 워크숍에 왔다. 사진을 찍었을 때보다 운동화 밑창이 더 더러워졌지만 예전처럼 얼룩이 신경 쓰이진 않는다고 했다. "실패도 시간이 지나면 다 잊히니까 너무 심하게 절망할 필요가 없겠다는 생각을 했어요."

성민과 민재의 이야기는 흔히 '실패'라고 부르는 경험들이 얼마나 주관적이고 상대적인지, 시간이 지나면서 그 의미가 얼마나 많이 달라질 수 있는지 보여준다. 성공과 실패의 경계는 생각보다 모호하며, 우리의 인식과 해석에 따라 크게 달라질 수 있음을 다시금 깨닫는다. 지나간 경험이 실패인지 아닌지, 내가 실패를 할지 아닐지보다, 지나간 경험을 어떻게 이해할지, 그 경험에서 다음 단계로 나아가기 위해 무엇을 배웠는지, 어떤 의미를 발견했는지를 더 중요하게 들여다봐야 하는 이유다.

실패 경험을 공유하며 새롭게 깨달은 것들

워크숍에서 각자 찍은 사진을 모아 공유하는 시간은 같은 학교를 다니며 비슷한 경험을 하고 있지만 서로가 얼마나 다른 사람인지 여실히 드러나는 장이었다. 아무래도 같은 시기에 비슷한 공간을 공유하다 보니 실패의 장면이 겹치는 경우가 많았다. 그런데 장면은 유사해도 코멘트로 적은 인식과 해석은 제각각이었다. 그 차이를 발견하는 과정이 매우 흥미로웠다.

이 프로그램을 관리하며 마감일에 약속한 개수의 사진을 제출하지 않은 학생에게 독촉 문자를 보내곤 했다. 일부 학생은 이 문자를 받은 순간을 캡처해 제출하기도 했다. "이 프로그램 과제조차 제시간에 끝내는 것을 실패하다니…" 같은 자책성 코멘트와 함께였다.

그런데 독촉 문자를 받은 다른 학생은 전혀 다른 해석을 내놓았다. 그는 마감일까지 열 장 넘는 실패 장면을 발견하지 못한 것은 자신이 실패하고 있지 않다는 반증이 아니겠냐고 했다. 그 당당한 모습에, 자책했던 학생은 적잖은 충격을 받았다.

이는 같은 사건이나 상황이 모든 사람에게 절대적으로 의미가 동일한 것은 아니며, 각자 인식과 해석에 따라 의미와 감정, 후속 행동이 달라질 있다는 것을 단적으로 보여준다. 이렇게 여러 사람이 모여 각자의 경험을 이야기하자 실패가 객관적 사실이기보다 주관적 해석에 가깝다는 점을 글로 배울 때보다 훨씬 더 확실하게 체감할 수 있었다.

지연에게 일어난 가장 흔한 실패는 늦게 등교하기였다. 석사 논문을 쓰느라 매일 밤늦게까지 깨어 있다가 새벽녘

에 잠들기 일쑤였기 때문이다. 중천에 뜬 밝은 해를 보면 좌절감과 우울감이 몰려왔고 하루를 망쳤다는 생각이 들었다. 반면 정우는 연구 과제 때문에 밤늦게까지 팀원들과 같이 실험하고 늦게 등교했을 때, 남들보다 열심히 살고 있다는 생각에 뿌듯했다고 했다.

영수의 사진첩엔 포토보이스 과제 목적으로 촬영했다가 제출하지 못한 사진들이 있었다. 그중 대부분은 새벽 3~4시 혼자 남아 있는 연구실이나 불이 다 꺼진 건물을 찍은 사진이었다. 연구실에 조용한 새벽이 찾아올 때마다 영수는 '남들 다 자는 시간에 지금 뭘 하고 있는 걸까'라고 생각했다. 이런 생각을 하는 자신이 부끄러워 그 장면을 제출하지 못했다.

그런데 워크숍에서 다른 학생들 이야기를 들으며 영수는 문득 생각했다. 모두가 그저 각자의 사정대로 살고 있는데 왜 자신만 유독 고생한다고 생각했을까. 영수는 대부분의 직장인처럼 오전 9시에 출근해 오후 6시에 퇴근하는 대신 늦게 퇴근하는 만큼 늦게 출근할 수 있는 일을 하고 있었다. 실제 업무 시간을 계산하면 다른 직장인과 크게 다르지 않을지도 몰랐다. 영수는 "뒤통수를 맞은" 느낌을 받았다고 했다.

가영은 연구실에서 꽤 인정받는 학생이었다. 이미 학위 논문 심사가 끝났지만 가영을 필요로 하는 사람들이 많아 여전히 한밤중에 퇴근하는 날이 비일비재했다. 지친 몸과 마음으로 기숙사에 돌아와 의자에 몸을 기댔을 때, 보수하지 않고 오랫동안 찢어진 채 방치된 벽지가 눈에 들어왔다. "무슨 부귀영화를 누리려고 이렇게 매일 열심히 사는 걸까." 해외여행 사진을 올린 친구의 인스타그램에 '좋아요'를 누르며 변변한 컵도 하나 없어 페트병에 티백을 우리고 있는 자신의 처지가 왠지 모르게 서러웠다. 그런데 워크숍에서 성민의 솥밥 이야기를 듣고 생각이 달라졌다.

"대학원에 온 후 계속 실패한다고 느꼈어요. 그런데 실패가 상대적이라는 이야기를 듣고 보니 왜 제가 힘들었는지 조금 알 것 같아요. 저를 계속 괴롭힌 건 학문적 경쟁이 아니라 SNS 속 친구들과의 비교였어요. 굳이 그들과 비교할 이유가 없는데 그러면서 실패감을 느꼈던 거죠. 학부 졸업 후 바로 취업하거나 결혼한 친구들과는 달리 대학원을 선택한 저는 더 넓은 세계와 경쟁하는 길을 택했고, 그러니 제가 느끼는 어려움도 어쩌면 당연하다는 생각이 이제야 들어요. 제가 선택했고, 제가 감수해야 하는 것이라고요."

많은 학생이 포토보이스 참여를 "뒤통수를 맞은" 느낌 혹은 "새롭게 깨닫는 과정"이라고 표현한 것은 평소 자신의 생각을 객관화해볼 기회가 많지 않았기 때문이다. 잠시나마 자신의 경험을 돌아보고 그 과정에서 얻은 통찰을 서로 나누는 것만으로 학생들은 혼자서 근거 없이 착각했음을 깨닫거나 초심을 상기하곤 했다.

　이 워크숍을 통해 특히, 본인의 실패를 들여다보는 과정 뿐 아니라 다른 사람들과 함께 각자의 상황 해석을 나누는 과정이 중요하다는 점을 깨달았다. 실패나 성공에 대한 해석에는 개인의 가치관과 목표가 반영되어 있었다. 이는 나와 다른 사람들의 유사점과 차이점을 생각해보게 만들었다. 무엇보다 모든 사람이 저마다의 삶을 살아가고 있으며, 내 삶도 나의 과거 선택들이 만들어낸 유일한 것이라는 점을 실감하게 되었다.

불쑥불쑥 찾아오는 현실 자각 타임

우리는 언제 실패를 생각하게 될까?

의도한 것은 아니었지만 포토보이스 참여자들에게 일상 관찰을 요청한 시기가 하필이면 기말고사 기간이었다. 매일 아침 9시에 출근하자마자 첫 업무로 그 전날 올라온 사진과 코멘트들을 확인하다 보면, 숙면을 취했음에도 덩달아 피곤해지는 느낌이 들었다(199쪽 참고).

초반 며칠은 늦은 시각 퇴근길, 깨어 있는 새벽을 암시하는 시계, 학생 식당의 식판이나 라면 같은 사진을 유독 많

어제에서 오늘로 바뀌는 시각에
연구실에서 퇴근해 기숙사에 도착했다.
모두가 잠든 시간이었지만
아직 연구실 후배와의 줌 미팅이 남아 있었다.
미팅이 끝난 시각은 새벽 12시 50분.
배가 고파 과자를 뜯었다. 오늘도 다이어트 실패다.
그런데 배가 더부룩해 일찍 자기는 글렀다.
아침에 늦게 일어날 것 같다는 실패의 예감이 든다.

이 받았다. 한 사람이 아니라 여러 사람이 동시다발적으로 비슷한 사진을 올렸는데, 애초에 기대했던 '실패'와 사뭇 다른 장면에 적잖이 당황했던 기억이 난다. 실험실이나 도서관 장면을 기대했던 나는 실망보다 걱정이 앞섰다. 학생들에게 전한 가이드가 잘못된 걸까? 실패의 순간으로 왜 이런 장면을 보내는 거지?

의문은 생각보다 쉽게 풀렸다. 참여자들이 제출한 사진을 통해 카이스트 학생이 '무엇'을 실패로 여기는가뿐 아니라 '언제' 실패에 대해 생각하는가도 엿볼 수 있었다. 일이나 공부에 몰두할 때 우리는 '실패'라는 단어를 좀처럼 떠올리지 않는다. 코딩을 하는 모니터 화면에 오류 메시지가 뜨거나 읽고 있는 자료가 이해가 잘 안 되는 상황에선 어떻게 수정하고 이해할지 방법을 찾는 게 더 자연스러운 반응이다. 특히 수정할 기회가 있고 시간을 더 쏟을 수 있다면 그 상황은 아직 실패로 단정 지을 수 없다.

우리 마음에 '실패한 것 같은 느낌적 느낌'이나 '실패할지도 모른다는 두려움'이 피어오르는 순간은 그 일을 다 마무리했거나 잠시 쉬어가는 때다. 모두가 잠든 한밤중의 퇴근길, 밥때를 놓쳐 라면으로 때우는 점심 식사 시간, 마지막

기말시험이 끝난 다음 날처럼 잠시 한숨을 돌리는 시간. 몰아치는 일을 끝내고 잠시 숨을 돌릴 수 있게 되면 그제야 우리는 생각한다. 과연 매일 밤샘 공부가 성공으로 가는 길이 맞는지, 끼니를 잊을 만큼 중요한 일이었는지, 내 인생은 지금 어디로 가고 있는지, 눈앞의 과제에 몰두하느라 혹시 다른 중요한 것을 놓치고 있는 건 아닌지.

소희가 '번아웃'이라는 제목을 붙인 사진(202쪽 참고)을 찍은 날 역시 기말고사가 끝난 바로 다음 날이었다. 다른 친구들은 시험이 끝나면 놀러 갈 생각에 신이 난다는데, 소희는 학기가 끝날 때마다 실패한 것 같은 느낌에 사로잡혔다. 시험 결과와는 전혀 상관없이 찾아오는, 일종의 학기 말 루틴이라고 했다. 소희가 자신이 이상한 건지, 다른 사람도 이런 감정을 느낀 적 있는지 궁금해서 용기 내어 이 사진을 발표하게 되었다고 조심스럽게 고백했을 때, 다른 몇몇 학생도 비슷한 감정을 경험해본 적 있다는 듯 고개를 끄덕였다.

잠시 숨을 돌리며 회복해야 할 때 해방감보다 실패감을 느낀다는 것, 특수한 한두 명이 아니라 여러 사람이 공통적으로 이러한 증상을 느낀다는 것은 이 문제를 학교가, 한국 사회가 함께 고민해봐야 한다는 신호 아닐까. 끊임없이 경

시험이 끝난 다음 날, 침대에서 몸을 일으켜 밖에 나와
이 한 잔의 커피를 시키기까지 정말 힘들었어요.
다른 분들은 어떻게 생각할지 모르겠지만
저는 사실 시험 기간에는 행복해요.
효능감을 느끼기도 하고요. 해야 하는 일이 분명하고,
그나마 공부가 가장 잘하는 일이니까요.
오히려 제가 실패감을 느끼는 순간은 시험이 다 끝나고 난
뒤예요. 저를 푸시하는 게 없는 상황에서
일어날 에너지조차 없으니 번아웃이 왔나 싶기도 해요.

쟁하며 더 나은 성과를 요구하는 사회에서는 잠시의 멈춤이나 휴식마저 실패로 여겨지기 쉽다.

그러나 바로 이때 진정한 성찰과 회복에 집중해야 하지 않을까. 성취와 성공은 끊임없이 앞으로 나아가는 행동에서만 오지 않는다. 멈추고 돌아보며 제대로 재정비를 하는 과정에서 얻는 힘도 필요하다.

아무리 바빠도 밥은 꼭 챙겨 드세요!

실패 사진 중에는 무언가를 먹는 장면이 꽤 있었다. 참지 못하고 간식이나 야식을 먹어버렸다는 다이어트 실패 고백부터 한 손에 든 스마트폰으로 오마카세에 간 친구의 인스타그램을 보며 맛없는 학생 식당 밥을 먹을 때마다 실패를 떠올린다는 코멘트까지.

"아무리 바빠도 밥은 꼭 챙겨 드세요!"

한 학생이 사진으로 찍어 제출한 이것은 이마트 봉투에 적힌 문구였다. 이 사진이 유난히 기억에 남은 이유는, 그 학생이 지금 막 한국어를 배우고 있는 외국인이었기 때문이

다. 인도에서부터 한국어를 배웠지만 여전히 실력이 잘 늘지 않는다는 리타는 워크숍에서 이 사진을 보여주며 여기 쓰여 있는 문구의 의미가 자기가 이해하고 있는 것이 맞는지 물었다.

시험과 과제가 유난히 많이 몰리는 시험 기간, 리타는 친구들과 스터디를 하기 위해 학과 건물로 들어가는 길에 이 봉투를 발견했다. 그리고 깨달았다. 지난 몇 주 동안 자신이 기숙사 자판기 라면과 편의점에서 사 온 몇 가지 음식만으로 계속 끼니를 때우고 있었다는 것을. 장학금을 아껴 써야 하는 상황, 시험과 과제로 바쁘다는 핑계가 있었지만, 막상 일주일 넘게 제대로 된 밥을 챙기지 못했다는 생각에 이르자 건강 관리에 실패하고 있다는 사실에 우울했다.

건강하지 않은 식사 사진을 제출한 것은 리타만이 아니었다. 식사 시간을 놓쳐 라면을 먹거나 맛없는 학생 식당 밥을 먹으며 소위 현실 자각 타임(현타)이 왔다는 사진이 올라오곤 했다.

카이스트 재학생 중 70퍼센트 정도가 교내 기숙사에 산다. 대다수가 대부분의 시간을 캠퍼스에서 보낸다는 의미다. 주말이나 공휴일에도 이용할 수 있는 교내 식당이 있지만 밥을 먹을 수 있는 시간도, 선택지도 제한적이다. 시험 기간에 왕복 30~40분이 걸려 학교 밖까지 밥을 먹으러 나갔다 오는 일이 쉽지만은 않다.

식당 운영 시간을 놓쳤을 때, 밤늦게까지 공부할 때 선택할 수 있는 것은 건강하지 않은 식단이다. 기숙사 자판기에서 파는 라면, 서랍에 보관해두던 스낵류 같은 것. 한 학생은 한때 카이스트 학내에 있던 한 패스트푸드점이 전국 매출 1위라는 소문이 돌 정도로 붐볐다는 이야기를 해주며,

4장 실패의 발견

건강한 밥을 마음 편히 먹을 자유를 빼앗긴 채 맛없고 해로운 음식을 먹으며 실패를 떠올리는 현실을 학교 당국에서 조금 더 진지하게 고민할 필요가 있다는 생각을 전하기도 했다.

무언가를 먹는 행위는 일상에서 자주 일어나는 일이다. 적어도 하루에 두세 번은 밥을 먹어야 하니까. 그런데 다수의 학생이 그 일상적인 일에서 '실패감'을 떠올렸다는 것은 주의 깊게 고민해볼 일이다. 삶의 기본을 이루는 일, 그 기본적인 일을 제대로 하지 못하거나 그것이 만족스럽지 않을 때 우리는 실패한 기분을 느낄 수 있다. 일에서 성공하고도, 지도 교수에게 칭찬받고도, 좋은 연구 성과를 내고도 말이다.

실패 뒤에 숨 돌릴 여유조차 없다

할 일이 많은 카이스트 학생은 시간 관리를 매우 중요하게 생각한다. 해야 하는 일과 하고 싶은 일, 미래를 준비하는 일 모두를 실패하지 않고 완수하려면 촘촘한 시간 계획과 관리가 필요하기 때문이다. 그런데 오늘 할당량을 채우지 못했을 때, 계속 계획을 지키지 못하는 미루기의 악순환이 일어날 때, 결과적으로 데드라인을 어긴 것도 아닌데 벌써 실패한 것 같은 불안감이 스며든다.

정옥은 워킹 맘이자 파트타임 대학원생으로, 회사 업무와 학위 과정을 병행하고 있다. 그가 제출한 실패 사진에는 대부분 시계가 찍혀 있거나 조급한 마음이 읽히는 장면이 담겨 있었다. 일과 육아를 하는 와중에도 더 나은 미래를 위해 대학원을 선택한 만큼 정옥은 이 선택에 최선을 다하고

있었다. 잠자는 시간과 점심시간을 아껴 매일 계획한 분량의 자료를 읽고 과제를 했지만 뜻대로 되지 않는 날도 많았다. 어떤 날은 아이를 재우다 같이 잠들고, 어떤 날은 회식에서 미처 빠져나오지 못해 그날 하기로 마음먹은 분량의 공부를 다 하지 못했다. 그의 일정표에는 과제와 발표, 시험 일정이 빼곡히 기록되어 있었는데, 기말 과제 제출일을 잘못 기록하는 바람에 마감일을 넘기고 말았다. 그 실수가 그의 대학원 졸업 목표를 좌절시키진 않겠지만 심리적으로 큰 부담을 느꼈다.

"제 목표는 결국 대학원을 졸업하는 것이니까 과제 하나를 못 했다고 해서 큰 실패는 아니라고 생각해요. 그런데 매번 계획이 어긋나고 그 부담이 다음 날로 이어지는 패턴을 반복하다 보니 계속 힘에 부치고…. 그러다 보니 이런 일도 어떻게 보면 실패라고 할 수 있겠구나 싶어요. 차라리 계획을 세우지 않으면 실패할 일도 없으니, 계획을 세우지 말아야 하나 하는 웃긴 생각을 잠깐 했어요."

정옥의 말처럼 계획이 틀어지거나 미뤄지더라도 결국

목표를 달성한다면 그것을 실패라고 할 수는 없다. 옛말에 '모로 가도 서울만 가면 된다'라는 말도 있지 않던가. 문제는 목표를 달성하는 과정에서 계획이 어긋날 때 느끼는 조급함이다. 목표를 이루기 위해선 다양한 능력이 필요하지만, 그중에서도 재능과 잠재력을 충분히 발현할 수 있도록 긍정적인 마인드를 유지하고 자신을 통제할 수 있는 역량이 성공의 주요 요인으로 언급되곤 한다. 그런데 계획이 어긋나거나 뜻대로 풀리지 않을 때, 자신감이 줄어들고 초조함을 겪곤 한다.

그렇다고 계획을 세우지 않는 것이 답일까? 이는 마치 목표를 정하지 않으면 실패할 일도 없으니, 아예 꿈도 목표도 갖지 말자는 말처럼 들린다. 목표가 있어야 계획이 생기고, 계획이 있어야 실행할 수 있다. 실행하는 과정에서 우리는 비로소 방향을 수정하며 성장해나갈 수 있다. 결국, 실패를 두려워하기보다 그 과정을 받아들이고 끊임없이 조정해나가는 것이 중요하다.

학생들의 사례를 깊이 들여다볼수록 계획이 어긋나는 것 자체보다 그 상황을 처리할 여유가 없다는 점이 더 중요한 문제라는 생각이 들었다. 해야 할 일은 너무 많고 그 많은 일을 제한된 시간 안에 처리해야 한다고 생각하니, 예상치 못한 변수가 생겼을 때 그에 대응할 시간적, 심리적 공간이 충분하지 않았다. 6년 만에 겨우 학부를 졸업한 어떤 학생은 워크숍에서 "학부생이 겪는 대부분의 심리적 어려움을 피하는 가장 좋은 방법은 매 학기 적은 학점을 신청해 수강하는 것"이라고 조언했다. 한 번에 여러 가지를 하려고 마음먹을수록 한 가지 과목 혹은 과업에 투여할 수 있는 시간이 줄어들고, 성공할 확률이 떨어지고, 성공하지 못한 사례가 쌓이면 자존감이 떨어지는 악순환에 빠지기 때문이다.

이것이 어떤 학생에게는 좋은 해법일 수 있지만 모든 학생이 쉽게 선택할 수 있는 방법은 아니다. 한국 사회에서는 '빠른 것이 곧 잘하는 것'이라는 생각이 유독 강하다. 조기교육, 조기 졸업, 조기 입학 등 남들보다 빠르게 무언가를 달성하는 사람을 우수하게 평가하는 경향이 있다. 그런 사람의 능력을 높게 평가하다 보니 반대로 남들보다 느리거나 뒤처지는 것에 대한 조급함과 두려움이 사회 전반에 깔려 있고, 카이스트 학생도 예외가 아니다. 모두 같은 트랙을 달리고 있는 상황에서 뒤처지면 따라잡기 어렵다는 불안이 자리하고 있다. 이런 이유로 학생들은 되도록 많은 과목, 많은 기회를 미리 채워놓으려 하고, 그러다 보니 여유를 찾기가 쉽지 않다.

이미 과부하된 상태로 여유를 찾기 어려운 학생이 많다 보니 휴학을 고려하는 학생도 자주 만난다. 이유를 물으면 "잠시 숨을 돌리며 진짜 내가 무엇을 원하고 어디에 관심이 있는지 찾고 싶다"라는 답변을 듣곤 한다. 자기 성찰과 탐구의 시간이 허락되지 않는 환경 속에서 학생들은 오히려 학교를 쉬어야 그런 기회를 얻을 수 있다고 말한다. 학교는 자신을 탐구하고 깊이 고민할 수 있는 공간이어야 하지만, 아이러니하게도 이러한 자기 탐색 기회를 얻으려면 학교를 떠나야 한다고 생각하는 현실이 안타깝다. 이는 과연 우리 학교와 사회가 학생에게 충분한 여유와 숨 쉴 공간을 제공하고 있는지 다시금 생각해보게 만든다.

시간 낭비가 곧 실패?!

여유가 없는 탓일까, 학생들이 제출한 실패 사진 중에는 직간접적으로 수면 부족에 시달리는 장면이 많았다. 시험 준비 때문에 밤을 새운 뒤 멍한 정신으로 하루를 보내거나 피곤한 몸으로 운동을 하다 부상당할 뻔했다거나 하는 식이었다. 밤새워 공부했지만 결과가 만족스럽지 않았다거나 그로 인해 더 큰 시간 압박과 심리적 부담을 느끼는 악순환에 빠졌다는 경우도 있었다.

잠을 충분히 못 자면 어떤 결과로 이어지는지 이미 많은 경험으로 알고 있지만, 이 악순환을 쉽게 끊어내지는 못한다. 기말고사 기간처럼 시험과 과제, 논문 제출 마감이 겹치는 시기에는 더욱 그렇다. 마감이 코앞에 다가온 상황에서 제한된 시간 안에 최대한 많은 일을 해내기 위해 잠과 휴식 시간을 줄이는 것 외에 별다른 선택지가 없다고 느끼기 때문이다. 시험 기간, 조금이라도 더 오래 깨어 있기 위해 일일 권장량 이상의 에너지 드링크나 커피를 마시는 사진도 여러 장 올라왔다.

식사와 수면 시간만 못 챙긴 게 아니었다. 과제와 시험 준비에 쫓기면서 다른 일상생활에도 '여유 없음'의 흔적이 드러났다. 오랫동안 청소하지 않은 채 방치한 방, 유통 기한이 지난 음식과 영양제, 도서관 반납 기한이 지난 책, 1년 전 분실했지만 여전히 재발급받지 못한 신분증 등.

이러한 에피소드를 '실패' 사진으로 제출한 이유는 학생들이 자신의 여유 없음을 자각할 때 일종의 실패감을 느끼기 때문이다. 시험 기간 기숙사 방이 매일 더러워지는 상황을 사진으로 기록한 어떤 학생은 어느 날 치우지 못한 방 한가운데에서 외출복도 갈아입지 못한 채 과제를 해야 했던 순간을 공유했다.

"제가 그래도 정신을 챙길 여유가 있으면 방을 매일 조금씩 청소하거든요. 그런데 너무 바빠서 그조차 못 할 때 방 안에 들어가면 엄청 실패감이 느껴져요. 내가 이렇게 제대로 치우지도 못하고 사는구나 하면서. 그런 날에 제 인생이 망가지는 것 같은 느낌이 들어요."

가족이나 연인 등 소중한 관계를 챙기는 것, 여가를 즐기며 충분히 휴식하는 것도 시험 과제만큼이나 중요한 삶의 일부다. 그래서 열심히 살고 있는데도 뭔가 잘못된 것 같다는 느낌이 코멘트에서 묻어났다. 능동적으로 우선순위를 선택한 결과라기보다 주어진 상황에 수동적으로 대응한 결과라는 무력감도 엿볼 수 있었다.

한 외국인 학생은 너무 바쁜 나머지 비자 신청을 하지 못해 방학 계획 전체가 망가질지도 모른다는 소식을 전하며, "카이스트 학생들은 해야 할 일이 너무 많은 나머지 정작 필요한 일을 챙기지 못할 때가 많다"라는 코멘트를 남겼다. 개인의 특수한 경험이 아니라 카이스트의 많은 학생이 공감하는 보편적 현실임을 드러내는 말이었다.

실패 이야기에서 발견한 또 다른 흥미로운 점은 시간 낭비에 대한 민감한 반응이었다. 밥 먹고 잠잘 시간마저 쪼개 공부하는 학생들이다 보니 예상치 못한 시간 낭비가 큰 스트레스로 작용했다.

갑작스러운 비로 학교 앞에 흐르는 천이 불어나 등교 시간이 20분에서 40분으로 늘어났던 상황, 식료품점 영업시간을 미리 확인하지 못해 문 열 때까지 기다려야 했던 상황, 병원에 가는 교통수단을 제대로 확인하지 못해 시간뿐 아니라 비용까지 더 지불해야 하는 상황 등 다양한 사연이 '실패'로 기록되었다. 무사히 등교를 했는데도, 식료품점에서 원하는 물건을 샀는데도, 병원 진료를 받았는데도 결과와는 상관없이 시간 낭비가 그 자체로 큰 실패로 인식된다는 점이 눈길을 끌었다.

시간 낭비를 실패 사진으로 제출한 학생의 코멘트에는 부정적인 감정이 상당히 짙게 드러났다. 처음 접했을 때에는 이처럼 사소한 일이 과연 이토록 부정적으로 느낄 일인가 의구심이 들기도 했다. 그러나 포토보이스 프로그램 전체 과정을 마무리할 즈음, 카이스트 학생이 수행하는 과업의 양과 압박감, 그로 인해 삶의 기본적인 부분조차 챙길 여유가 없는 삶이 전체적으로 그려지면서 이들이 시간 낭비를 실패로 여기는 감정이 서서히 이해되기 시작했다.

　　《영화를 빨리 감기로 보는 사람들》을 쓴 이나다 도요시는 오늘날 영상 콘텐츠 소비 방식 가운데 빨리 감고, 건너뛰고, 요약본을 선호하는 현상에서 '실패하고 싶지 않은 마음'을 읽어낸다. 만족스럽지 않은 것에 시간을 낭비하고 싶지 않은 마음, 즉 '나쁜 시간 가성비'를 피하려는 마음이다. 이러한 마음 이면에 오늘날 넘쳐나는 해야 할 일과 볼거리 속에서 유행에 뒤처지지 않으려는 욕구, 반대로 그 많은 시간을 감당할 수 없는 현실이 존재한다.[4]

　　카이스트 학생들 역시 이미 일어난 시간 낭비에 대한 부정적인 감정만큼이나 앞으로 일어날 시간 낭비를 피하고자 하는 미래 지향적 경계심을 자주 드러낸다. 이들은 전공과 수강 과목 선택, 대학원 진학과 취업 등에서 불확실하거나 예측할 수 없는 상황보다는 어느 정도 예측 가능하거나 결과가 확실한 길을 우선 선택하려는 경향이 있다. 아무도 가보지 않은 길을 개척하기보다는 어느 정도 가이드와 매뉴얼이 있는 안전한 길을 가야 남들보다 늦지 않게 결승점에 도달할 수 있을 거라는 생각, 그렇지만 결승점에 도달하면 또다시 무언가에 쫓기듯 거기서 만난 사람들이 달리는 속도로 다시 뛰어야 하는 일의 반복.

실패의 두려움은
무엇으로부터 오는가

현재의 실패보다 미래의 불확실성이
두려움을 만든다

포토보이스 프로그램 참여자들이 제출한 사진 중에는 고장 난 기계나 오류를 출력하는 코드처럼 누가 봐도 명백하게 '실패'가 일어난 순간도 있었지만, 직접적으로 실패와 어떤 관련이 있는지 짐작하기 어려운 장면도 많았다. 특히 눈에 띄었던 것은 내면에 자리 잡은 불안과 두려움이 드러나는 사진들이었다.

　시연이 제출한 사진에 등장한 버스는 그가 대학원 진학 전에 다니던 회사의 통근 버스였다. 누구나 이름만 들으면 알 만한 그 기업은 높은 연봉과 좋은 복지를 자랑했다. 그런데 정작 그 회사에서 시연은 행복하지 않았다. 업무가 예상과는 많이 달랐고 기업 문화도 자신과 잘 맞지 않다고 느꼈다. 조금이라도 빨리 '하고 싶은 일'에 도전해보고 싶었던 시연은 결국 대학원 진학을 선택했다.

　이 사진을 '실패'라고 한 이유는, 시연에게는 대학원 졸업 후 전에 다니던 회사로 돌아가는 일이야말로 '실패'였기 때문이다. 일반적으로 학위를 취득하면 더 많은 기회가 주어질 것이라 생각하기 쉽지만 막상 대학원에 와보니 전공과 연구 분야에 따라 선택할 수 있는 진로의 폭은 더 좁아지는 듯했다. 심지어 시연이 다니던 회사는 여전히 학위를 딴 후에 산업체로 갈 수 있는 진로 가운데 가장 좋은 선택지에 해당했다. 변화를 위해 선택한 길이 고난의 연속이고 그 끝에 다시 원점으로 돌아간다면 그것을 어떻게 받아들여야 할까. 대학원 과정 동안 아무리 배우고 얻은 것이 많다 해도 그 결과를 실패라고 받아들이지 않을 자신이 없었다.

이러한 불안과 두려움은 시연만의 것이 아니었다. 종호 역시 비슷한 고민을 안고 있었다. 그는 학부 동기들을 볼 때면 종종 막연한 실패감에 사로잡혔다. 종호가 카이스트 대학원을 선택했을 때 다른 친구들은 취업을 택했고 대부분 좋은 회사에 취직했다. 그 후 삶의 모습이 크게 달라졌다. 종호가 주말도 없이 연구실에서 과제에 매달릴 때, 어떤 친구가 즉흥적으로 일본 여행을 즐기는 사진을 보냈다. 금전적으로도 시간적으로도 여유로운 친구가 부러운 마음보다 더 크게 들었던 감정은 막연한 두려움이었다. 며칠 전 대학원

　　　　　　　　　　4장 실패의 발견

동기들과 대화하다가 들은, 미국 명문대에서 박사 학위를 따고 돌아와 자리를 잡지 못한 채 배달 아르바이트를 하고 있다는 사람 이야기도 문득 생각났다. 여기서 석사 혹은 박사로 졸업한 후에 과연 학부 친구들보다 더 나은 삶을 살 수 있을까. 오히려 더 못한 미래가 기다리고 있으면 어쩌지. 그러면 왠지 억울할 것 같았다.

학생들이 미래를 불안해하며, 특히 진로가 불투명하다는 생각을 하며 '실패' 이미지를 떠올리는 것은 그런가 보다 싶으면서도 매우 흥미로운 현상이었다. 이들에게 실패란 사전적 의미처럼 구체적인 계획이나 목표를 달성하지 못한 상태가 아니라 사회가 인정할 만한 성공에 도달하지 못한 상태에 가까웠다. 실패의 존재보다 성공의 부재를 두려워했는데, 그 성공이란 개인의 만족보다는 사회와 타인의 평가에 근거한 것이었다.

국내에서 손꼽히는 명문대 학생이 이런 걱정을 한다는 것이 의아할 수 있다. 실제로 포토보이스 프로그램에 참여한 재은은 미래에 대한 불안이 엄습할 때마다 자신에게 닥칠 최악의 상황을 상상해본다고 했다. 스스로 선택할 수 있는 미래가 다 제대로 풀리지 않았을 때를 하나하나 따져보면 실제로는 그렇게 나쁘지 않은 앞날이 그려진다고 했다. 카이스트 입학 자체가 운이 좋았던 것이고 카이스트 출신이라는 사실만으로 어느 정도 좋은 미래를 보장받는다는 것이었다.

그런데 아이러니하게도 다른 사람들보다 조금 더 유리한 조건에서 출발했다는 사실이 더 큰 압박으로 다가올 때도 있었다. 카이스트를 졸업했는데 그에 걸맞은 성취를 이루지 못할까 봐 두려운 마음, '너는 카이스트 나와서 왜 성공하지 못했니?' 하는 질문을 받는 미래가 올지도 모를까 봐 두려운 마음이 찾아올 때가 있다고들 했다. 이러한 두려움 또한 사회와 타인의 기준에 부합하는 성공에 도달하지 못할까 봐 두려운 마음에 가깝다.

특히 앞서 소개한 시연처럼, 사회적으로 혹은 다른 사람들에게 더 좋게 여겨지는 것, 안정적이거나 예측 가능한 미래를 보장하는 선택을 뒤로하고 도전적이거나 모험적인 선택을 했는데, 그 결과가 다른 사람들 눈에도, 스스로의 눈에도 더 낫지 않을까 봐 대학원에 온 선택을 후회할지도 모른다는 생각이 들 때, 실패는 두려움의 대상이 됐다.

카이스트에 살고 있는 거위 가족이다.
얼마 전만 해도 노란빛 깃털을 달고 아장아장 걷던 새끼가
이제 어미와 비슷한 크기로 성장했다.
새끼의 성장은 이렇게나 확연한데
그동안 나는 성장한 걸까, 조바심이 났다.

성장을 감각하지 못할 때 두려움이 자란다

　민호는 교정을 산책하다 만난 거위 가족을 보며 실패를 떠올렸다고 말했다. 학생으로 살아가는 시간은 점점 늘어가는데 성장하고 있지 않다면 그것이 실패가 아닐까라는 생각과 함께였다.

　모두가 미래를 불안해하진 않았지만, 매일 열심히, 학생들이 자주 하는 표현대로 "젊음을 갈아 넣어가며" 연구를, 공부를, 프로젝트를 하고 있지만 좀처럼 성장을 감각하지 못할 때, 실패에 대한 막연한 두려움은 커졌다. 캠퍼스에 높이 뜬 달이 상현달에서 하현달로 넘어가는 동안 매일 자정에 가까운 시간에 퇴근하고 있지만, 과연 이것이 성공으로 가는 길이 맞는지, 그게 아니면 무슨 길인지, 나는 어제보다, 일주일 전보다, 대학원에 오기 전보다 나아졌는지 질문하는 코멘트가 하나둘 쌓였다.

　은재는 이런 상황을 '제자리걸음'을 걷는 것에 비유했다. 그는 운동을 하다가 문득, 트레드밀에서 뛰고 있는 자신의 모습이 대학원 생활과 꼭 닮았다는 생각을 했다. 매일매일 숨이 찰 정도로 열심히 하고 있는데 계속 제자리에 머물

러 있는 느낌이 들었기 때문이다. 학부 때에는 시험 기간만 지나면 한숨 돌릴 수 있었지만 대학원에서는 그런 여유조차 없었다. 학회 발표, 논문 제출 마감일, 연구 보고서 등 끊임없는 일정에 쫓기며 살았다. 그럼에도 항상 제자리인 기분이었다.

쓸쓸한 마음으로 운동을 끝내려는 그때, 트레드밀 계기판 숫자가 눈에 들어왔다. 거기에는 오늘 달린 거리, 속도, 운동 시간 동안 소모한 칼로리 등이 기록되어 있었다. 내가 대학원에서 연구하느라 노력하는 것도, 보이지는 않지만 어딘가에는 이렇게 기록이 쌓이고 있겠지. 애써 그렇게 생각하고 나니 마음이 좀 나아졌다.

은재의 트레드밀처럼 대학원 연구에 매진하는 과정에도 노력을 기록해주는 계기판이 존재하면 좋겠지만 현실에서는 거의 불가능하다. 그나마 학부 시절에는 매 학기 성적표를 받으며 성장을 가늠해볼 수 있었다. 하지만 대학원에 진학한 후에는 명확한 평가 기준이 사라졌다. 이미 존재하는 지식 습득보다 새로운 지식을 발견하는 연구 능력이 더 중요했기 때문이다. 이를 위해 연구실에서 밤을 새워가며 실험을 하고 논문을 읽지만 그 노력이 어떤 결과로 이어질지 가늠하기 어려웠다.

특히나 대학원에서는 누가 더 잘하고 있는지 가리기도 힘들었다. 각자 다른 주제로 연구를 하다 보니 단순 비교가 불가능했다. 전공이나 연구 분야, 구체적인 주제에 따라 의미 있는 결과를 내는 데 필요한 시간도, 방법도 제각각이었다. 그 사실을 머릿속으로는 이해하면서도, 비슷한 시기에 들어온 연구실 동료나 학부 친구에게서 논문 데이터 결과가 나왔다거나 좋은 학회에서 발표하게 되었다는 소식을 들으면 의기소침해지거나 조바심이 났다.

실패의 순간, 동료의 존재는
어떻게 심리 자산이 되는가

　학생들이 '실패'나 '실패감'을 느끼는 장면에서 '외로움'
이 크게 느껴졌다는 점도 인상 깊었다.

　은재는 운동장에 앉아 휴식을 취하다가 혼자 프리 킥 훈
련을 하는 사람을 보았다. 집중하는 모습이 열정적이고 멋
있어 멍하니 계속 지켜봤다. 공을 골대로 차고 다시 줍기를
반복하는 모습을 지켜보다가 누군가 한 명만 더 있으면 훈

련이 효율적이겠다는 생각이 들었다. 은재는 이 사진과 함께 "그 모습에서 논문 연구에 혼자 고군분투하는 내가 보였다"라는 코멘트를 남겼다.

요즘처럼 온라인 학습 자료와 인공 지능AI 도구가 발달한 시대에 학교의 의미가 무엇이냐고 묻는다면, 무엇보다 같은 주제와 관심사를 공유하는 사람들과 함께 고민하고 연구할 수 있다는 점을 꼽을 수 있겠다. 그런데 생각보다 많은 학생이 '혼자' 공부하거나 연구한다고 느끼고 있다는 사실이 다소 의외였다.

외로움의 맥락도 제각각이었다. "어차피 대학원 이후의 공부는 본인의 분야를 개척해 나가는 일이니 본질적으로 외로운 것"이라는 의견부터 "졸업하고 나서 어떤 분야에 정착할 수 있을지 여전히 모호해 이것도 저것도 아닌 상태에서 외로움을 느낀다"라는 의견까지. 회사에 다니다 늦은 나이에 대학원생이 된 어떤 학생은 같은 연구실을 쓰는 사람들끼리 전화번호도 교환하지 않는 요즘 연구실 분위기에 놀랐다고 했다. 그러면서도 나이 차이 때문에 다른 구성원들이 부담스러워할까 봐 쉽게 다가가지 못하는 고민을 털어놓았다.

이런 상황에서 교수와 선배, 동료보다는 챗GPT 같은 AI 도구와 더 자주 소통하는 모습도 보였다. 몇 개월간의 연구 과정에서 가장 보람 있었던 일이 무엇이었느냐는 질문에 "챗GPT와 친해진 것" 혹은 "챗GPT가 내 지시를 좀 더 잘 알아듣게 된 것"이라고 답한 학생, 그리고 그 말에 공감을 표시하는 학생을 꽤 많이 만났다. 각자의 연구 주제가 너무 세분화되고 새로운 연구 방법과 기술이 빠르게 업데이트되다 보니 예전처럼 선배나 교수에게 물어보기보다 온라인에서 방법을 찾는 편이 더 효율적이라고 여기는 경우가 흔했다. 자료와 정보의 접근성이 높아지고 기술이 하루가 다르게 발전하면서 선후배 간, 동료 간 도움을 주고받을 일이 많이 줄어든 것이 어느 정도는 사실이었다.

　　그러나 이전에 선배나 동료에게서 얻을 수 있는 지식을 대체할 도구가 생겼다고 해서 관계가 더 이상 필요 없다는 의미는 아니다. 어쩌면 배움의 효율성이 높아진 만큼 외로움이나 관계의 취약성이 함께 높아지고 있는지도 모른다. 학생들은 혼자 감당해야 하는 일들이 무겁게 느껴질 때, 자신의 고민에 공감하거나 같이 고민해줄 사람이 없다고 느낄 때 실패라는 단어를 쉽게 떠올리곤 했다.

다행히 모든 학생의 대학원 생활이 외롭기만 하진 않았다. 좋은 동료들과 친밀한 관계를 맺으며 서로 성장과 배움이 일어났다는 사례도 꽤 많이 만났다. 그중 유진의 이야기가 가장 기억에 남는다.

"연구할 때 의지력이 꺾이는 순간이 많았는데 어느 순간부터 그런 게 없어졌어요. 그게 언제부터일까 생각해봤는데, 제가 사수로 돌봐야 하는 후배가 생긴 시점부터였어요. 후배에게 좀 더 존경스러운 선배가 되고 싶고 정리를 잘해서 그 사람이 성장할 수 있게 돕고 싶다는 생각이 크게 들어서 더 열심히 노력한 것 같아요. 그 친구에게 뭔가를 잘 알려주면 저에 대한 만족감도 엄청 높아지고, 그동안 헛된 짓만 한 게 아니구나, 뭔가 남은 게 있구나 하는 생각이 들면서 연구에 대한 의지력도 높아지는 것 같아요."

누군가를 도와주고 싶은 마음이 공부와 연구를 더 열심히 하는 동기가 된다는 마음이 예쁘기도 했지만, 자신과 비슷한 과정을 지나고 있는 후배를 돕는 과정에서 본인의 성장을 자각한다는 이야기가 특히 흥미로웠다.

같은 연구실 동료, 선배, 지도 교수는 불확실하고 모호하며 외로운 연구자의 길을 가는 과정에서 성장을 확인해 주고 조언을 주고받을 수 있는 가장 중요한 파트너다. 특히 점점 더 세분화된 영역에서 연구 주제를 발전시키다 보면 연구에 대해 당사자만큼 비슷한 이해도에서 대화를 나눌 수 있는 사람은 비슷한 시기, 비슷한 논문을 함께 읽으며 연구실 생활을 함께하는 동료일 확률이 가장 높다.

　　카이스트 수리과학과 백형렬 교수는 되도록 지도 교수와 가장 친한 친구가 되라고 조언한다. 아직 연구 초보인 학생에게는 그 길을 먼저 가 본 선배나 지도 교수가 최적의 도전을 할 수 있도록 도울 수 있는 가장 좋은 파트너라는 것이다. 너무 어려운 과제를 선택하면 실패할 확률이 높고, 너무 쉬운 과제를 선택하면 성공하더라도 성장을 느끼기가 쉽지 않다. 백 교수는 먼저 어떤 단계를 거쳐 가 본 사람들에게는 여러 암묵지가 쌓이고, 그 길을 가려고 하는 사람에게 어떤 과제를 선택하는 것이 가장 적절한지를 판단해줄 힘이 있다고 말한다.[5]

　　과제 선택뿐 아니라 어려운 문제를 풀 때에도 마찬가지다. 학자는 미지의 영역을 연구 대상으로 삼는다. 아직 답을 모르니 선배나 교수도 직접 해답을 줄 수 없다. 하지만 그 문제에 대해 이런저런 대화를 나누다 보면 해결의 실마리가 보이기도 한다. 절망적으로 보이던 순간에 '희망'을 발견하면 다시 도전할 힘을 얻는다. 이런 도전을 위해선 다른 시각에서 내 고민을 함께해줄 사람이 필요하다. 그리고 이런 대화를 자유롭게 하려면 무엇보다 서로 친한 친구가 되어야 한다.

얼마 전 대학원 진학을 염두에 두고 본인이 어떤 연구실로 진학할지 탐색 중인 학부생들과 대화할 기회가 있었다. 그들에게 지도 교수나 사수의 어떤 지도나 행동이 본인의 연구와 성장에 도움이 되는지 물었더니, 꼼꼼한 지도부터 큰 그림을 보게 하는 피드백, 빠른 의사 결정까지 다양한 답변이 나왔다. 그중에서도 학생들의 가장 많은 공감을 얻은 건 어떤 직접적인 말이나 행동이 아닌 '연구실 분위기'였다.

졸업을 앞둔 초영은 학부 과정 동안 매년 다른 연구실에서 인턴을 하며 상반된 분위기의 연구실을 경험했다. 가장 최근에 경험한 연구실은 마치 회사 같았다. 매주 정해진 프로세스로 진행 상황을 보고하고 지도 교수의 조언을 구했다. 하지만 초영은 이 방식이 다소 형식적으로 느껴졌다. 자신이 하고 싶은 새로운 연구 아이디어가 생겨도 말해야 할지 망설여졌고 실험이 잘 안됐을 때에는 보고하기가 꺼려졌다.

이전 연구실은 전혀 달랐다. 때론 동아리 같고 때론 가족 같았다. 매일 밤 10시면 자연스레 모여 야식을 먹으며 연구부터 일상까지 모든 걸 나눴다. '실험 잘 안됐어', '성적 망했어', '장학금 잘렸어', '썸이 망했어', '소개팅 깨졌어' 같은 시시콜콜한 실패담이 단골 수다 소재였다. 흥미롭게도 이 연구실은 성과가 늘 좋았다. 초영은 이때 연구가 정말 재밌었고 실험에 실패해도 오히려 계속할 의지가 커졌다고 기억했다.

"그 연구실에선 연구 얘기를 정말 편하게 해요. 밥 먹다가도 갑자기 '초영아, 네 실험 어떻게 됐어?' 이런 이야기가 시작돼요. 밥 먹으며 가볍게 던진 동료들의 조언대로 해보면 안되던 실험이 될 때도 있고요. 너무 친하니까 선배, 후배 구분 없이 다들 자유롭게 의견을 내요. 수다 떨다 좋은 연구 아이디어가 나오기도 하고, 그 아이디어로 논문을 발전시키도 하고, 그런 일이 정말 자연스러웠어요."

초영의 경험은 개인 사례에 그치지 않았다. 실제로 실패 연구소가 2022년 카이스트 구성원 전체를 대상으로 실시한 설문 조사에서도 비슷한 경향이 확인됐다.[6] 이 조사는 학업 및 연구 과정에서 느끼는 실패에 대한 두려움과 긍정 심리 자본을 측정했다. 긍정 심리 자본은 자기 효능감, 낙관주의, 희망, 회복 탄력성의 네 가지 요인을 포함하는데, 앞의 세 가지 요인은 새로운 것에 도전하는 것에, 마지막 요인은 실패에 효과적으로 대처하는 데 도움이 되는 심리적 역량이라 할 수 있다.

흥미로운 점은 학부생과 대학원생 모두 재학 기간이 길어질수록 실패에 대한 두려움은 높아지고 긍정 심리 자본은 소진되는 경향을 보였다는 것이다. 이는 앞서 실패에 대한 두려움과 부정적인 감정이 '시간'과 밀접한 관련을 보인다는 포토보이스 프로그램 관찰 결과와도 일맥상통한 결과라 할 수 있다.

그러나 더 주목할 만한 결과는 연구실 문화에 따라 이러한 패턴이 다르게 나타난다는 점이었다. 같은 조사에서 대학원생들에게 소속 연구실의 실패 학습 문화를 평가하도록 했다. 실패 학습 문화란 구성원이 문제가 있는 상황에 직

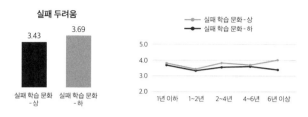

실패 두려움

3.43 3.69

실패 학습 문화
-상 실패 학습 문화
-하

실패 학습 문화-상
실패 학습 문화-하

5.0
4.0
3.0
2.0

1년 이하 1~2년 2~4년 4~6년 6년 이상

• 기준Base: 카이스트 대학원생, n=295, 6점 리커트 척도

면했을 때 공개적으로 문제의 근본 원인을 찾아 공유하고 개선할 수 있는 의견을 제시할 수 있는 분위기를 의미한다. '우리 연구실에서는 실수 발생 시 비난 대신 실수에서 배우도록 격려한다', '우리 연구실에서는 실수 발생 시, 비슷한 실수가 반복되지 않도록 해당 내용을 서로 공유한다' 등 다섯 개 질문으로 구성된 척도를 사용했다. 평균 점수가 높은 연구실은 실패 학습 문화가 잘 조성된 곳으로(실패 학습 문화-상), 점수가 낮을수록 미흡한 곳(실패 학습 문화-하)으로 구분하여 각 집단의 대학원생들이 보이는 심리 역량 차이를 분석했다.

분석 결과, 실패에 대해 터놓고 이야기하고 자유롭게 의사소통하는 문화를 가진 연구실에 속한 대학원생일수록 일

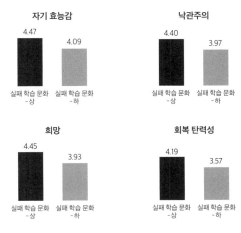

소속 연구실의 실패 학습 문화 조성에 따른 긍정 심리 자본 수준

자기 효능감
4.47
4.09
실패 학습 문화 -상   실패 학습 문화 -하

낙관주의
4.40
3.97
실패 학습 문화 -상   실패 학습 문화 -하

희망
4.45
3.93
실패 학습 문화 -상   실패 학습 문화 -하

회복 탄력성
4.19
3.57
실패 학습 문화 -상   실패 학습 문화 -하

• 기준Base: 카이스트 대학원생, n=295, 6점 리커트 척도

관되게 낮은 실패 두려움과 높은 긍정 심리 자본 수준을 보였다. 특히 이러한 문화가 정착된 연구실에 속한 학생들은 재학 기간이 길어져도 긍정 심리 자본이 줄어들지 않았고 실패 두려움도 높아지지 않았다. 이는 대학원생이 가장 많은 시간을 보내고 관계를 맺고 있는 연구실이 실패에 대해 어떤 태도를 취하는지, 어떤 의사소통 문화를 쌓아가는지가 개인의 도전 정신 및 실패 대처 능력의 형성과 유지에 영향을 미친다는 것을 보여준다.

연구실의 문화와 분위기가 개인의 성장과 연구 성과에 미치는 영향은 생각보다 매우 크다. 심리적 안전감이 보장된 환경에서 학생들은 실패를 두려워하지 않고 새로운 도전을 계속할 수 있는 마음의 힘을 얻는다. 이는 단순히 실수를 용서하는 것이 아니라, 자유롭고 편안한 환경에서 어떤 이야기를 하더라도 인격적으로 비난받지 않고 실패나 실수가 능력 부족으로 간주되지 않을 것이라는 믿음에서 비롯된다.

　　결국 연구자로서의 성장과 성공은 개인의 노력만으로 이루어지지 않는다. 매일 만나서 함께 일하고 공부하는 동료들, 그들과 형성하는 관계의 질이 중요한 역할을 한다. 특히 새로운 길을 개척하는 연구자에게는 자신의 연구가 왜 의미 있는지, 무엇이 새로운지를 이해하고 함께 고민해줄 수 있는 동료의 존재가 큰 힘이 된다.

5장

:

실패에서
배운다는 것

'실패는 성공의 어머니'의
진짜 의미

　당신이 알고 있는 실패에 관한 가장 유명한 명언은 무엇인가? 아마 머릿속에 '실패는 성공의 어머니'를 떠올렸을 것이다. 지금껏 '실패'를 주제로 수십 번 강연하면서 청중에게 이 질문을 던졌을 때, 거의 대부분이 같은 답변을 했다. 의도한 답을 얻어내는 데 실패한 적이 한 번도 없다는 뜻이다. 그만큼 우리는 어린 시절부터 이 말을 당연한 진리처럼 받아들여왔다. 강사의 기대에 부응하는 대답을 한 것에 뿌듯해하는 청중에게 나는 다시 묻는다.

　"왜, 실패는 성공의 어머니일까요?"

이 질문에 청중은 잠시 당황하지만 곧 다양한 답변을 내놓는다.

"실패를 한다는 건 시도를 한다는 뜻인데, 여러 번 시도하다 보면 성공할 확률도 높아지기 때문 아닐까요?"

"실패를 하게 되면 그것을 하지 말아야 한다는 확실한 답을 얻을 수 있으니까요."

"실패를 하면 다음에 어떻게 잘하면 되는지 힌트를 얻을 수 있어서요."

"실패 그 자체가 피드백이 되니까요."

이러한 답변은 모두 일리가 있다. 우리 대부분은 실패를 경험했고, 그 경험에서 어떤 교훈을 얻은 경험도 있기 때문이다. 하지만 과연 실패는 정확히 어떤 과정을 거쳐 성공으로 이어지는 것일까? 실패가 정말로 성공의 어머니가 될 수 있다면 그 메커니즘은 무엇일까?

미국 노스웨스턴대학교의 다슌 왕Dashun Wang 교수는 이 흥미로운 질문에 주목했다. 그는 실패와 성공의 관계를 다룬 과학적 연구가 놀라울 정도로 부족하다는 사실을 발견하고 데이터 과학자로서 직접 이 문제를 규명하기로 결심했다. 그는 시도, 실패, 성공의 패턴을 분석할 수 있는 세 가지 데이터 세트를 확보했다.[1]

첫째는 1985년부터 2015년까지 미국 국립보건원National Institute of Health, NIH에 제출된 약 70만 건의 연구비 신청 데이터였다. 여기에는 연구자 약 14만 명의 제안서 제출 시기, 선정여부, 평가 점수, 연구비 규모 등이 상세히 기록되어 있었다. 둘째는 1970년부터 2016년까지 5만 8111개 스타트업의 투자 데이터로, 창업자 약 25만 명의 창업 궤적을 추적할 수 있었다. 마지막 데이터 세트는 다소 특별했다. 연구진은 세계 테러 데이터베이스Global Terrorism Database를 활용해 1970년부터 2017년까지 감행된 전 세계 3000여 개 테러 조직의 공격 데이터를 확보했다. 여기서 성공은 최소 한 명의 사망자를 낸 공격, 실패는 사망자를 내지 못한 공격으로 정의했다. 이세 데이터 세트 모두 개인이나 집단의 반복된 시도와 그 성패를 추적할 수 있다는 점에서, 시도와 실패, 성공의 관계를 분석하기에 적합했다.

거듭된 시도와 실패가 성공으로 이어지는 과정을 설명하기 위해 연구진은 우선 두 가지 가능성을 검증했다. 첫 번째는 '확률 가설'이다. 이 모델은 모든 시도가 일정한 성공 확률을 가지고 서로 독립적이라고 가정한다. 이때 성공은 단순히 운에 의해 발생하는 것이다. 다만 시도 횟수가 증가할수록 모든 시도가 실패할 확률은 지속적으로 감소하므로, 시도를 거듭할수록 더 많은 사람이 성공에 도달할 것이라는 가정이다. 예를 들어 첫 시도에서 실패하는 사람이 100명이라면 두 번 연속 실패는 서른일곱 명, 세 번 연속 실패는 열네 명, 네 번 연속 실패는 다섯 명으로 급격히 감소하는 식이다.

두 번째는 '학습 가설'로, 실패로부터 배운 교훈이 다음 시도의 성공 가능성을 높인다는 가정이다. 이 경우 실패를 거듭할수록 학습 효과가 누적되기 때문에 확률 모델보다 더 적은 시도로도 성공에 도달할 수 있을 것으로 예측한다.

그러나 연구진이 실제 데이터에서 발견한 패턴은 두 가설 모두와 달랐다. 학습 가설의 예측처럼 모든 영역에서 시도가 거듭될수록 성능이 향상되는 경향을 일부 보이긴 했지만, 실패가 줄어드는 속도를 살펴보면 예상과 달랐다. 처음 몇 번은 실패가 빠르게 줄어들었지만, 특정 시점 이후로는 실패가 줄어드는 속도가 더뎠다. 연구자들이 예측한 것보다 훨씬 많은 사례가 거듭된 시도에도 불구하고 성공에 도달하지 못했다. 흥미로운 것은 연구자, 창업자, 테러리스트 세 집단 모두 동일한 패턴을 보였다는 점이다. 과학, 창업, 안보라는 서로 다른 세 영역에서 유사한 패턴이 나타났다는 것은, 이 현상이 특정 분야에 국한되지 않는 보편적인 현상이며 이 패턴 속에 성공과 실패의 관계에 대한 비밀이 숨어 있을 가능성을 시사한다. 연구진은 이 데이터를 조금 더 자세히 들여다보기로 했다.

이 연구의 첫 번째 발견은 모든 실패가 성공으로 이어지는 것은 아니라는 점이었다. 세 그룹의 데이터 모두에서 첫 번째 시도에 성공하는 경우보다 한 목표를 위해 두 번 이상 시도하는 경우가 많았다. 연구자는 평균 2.03번의 시도 끝에 연구 지원금을 받았고, 스타트업 창업자는 평균 1.5번의 시도 끝에, 테러리스트는 3.09번의 시도 끝에 성공에 도달했다. 그러나 이는 성공한 사례에만 해당하는 통계다. 여러 번 시도했지만 끝내 성공을 맛보지 못하고 실패한 마지막 시도를 남긴 사례도 적지 않았다. 연구자의 26퍼센트, 스타트업 창업자의 87퍼센트, 테러리스트 집단의 42퍼센트가 지속적인 시도에도 불구하고 한 번도 성공하지 못했다. 주목할 만한 점은 연속적인 시도 끝에 성공한 집단과 실패로 끝난 집단이 평균적으로 시도한 횟수가 비슷했다는 것이다. 이는 결과적으로 성공하지 못한 사람들이 성공한 사람들보다 노력이 부족했거나 시도를 적게 했기 때문에 실패한 것이 아니라는 점을 시사한다.

그 대신 연구진은 결과적으로 성공에 이른 집단과 그렇지 못한 집단이 초기 시도에서부터 뚜렷한 차이를 보인다는 점을 발견했다. 이런 상황을 가정해보자. 두 사람이 열 번의 실패를 똑같이 경험했다. 그중 한 사람은 열 번의 실패 끝에 도전을 포기했고 나머지 한 사람은 열한 번째 시도에서 성공했다. 만약 당신이라면 이 둘의 결과를 다르게 만든 결정적 요인이 무엇이라고 설명하겠는가?

이에 대한 가장 쉬운 예측은 실패에도 불구하고 마지막까지 시도하는 끈기의 차이가 결정적이라는 설명일 것이다. 그러나 다슌 왕 교수 연구진이 데이터를 통해 확인한 것은, 굳이 마지막 시도까지 보지 않더라도 누가 성공하고 누가 실패할지는 그보다 훨씬 이른 시점에 나타나는 시도 패턴을 통해 예측할 수 있다는 것이었다.

그렇다면 끝내 성공하는 사람과 그렇지 않은 사람은 무

엇이 달랐을까?

크게 두 가지가 달랐다. 먼저 결과적으로 성공에 이른 사람은 실패를 거듭할수록 더 빠르게 실패했다. 그들은 한 번 실패할 때마다 다음 시도에 걸리는 시간이 줄어들었다. 가령 첫 시도에 1년이 걸렸다면 그다음 시도는 9개월, 그다음 시도는 3개월, 그다음은 1개월이 걸리는 식이었다. 반면 계속 시도했지만 성공하지 못한 그룹은 시도와 시도 사이에 걸리는 시간이 비슷했다.

둘째, 시도를 거듭한 끝에 성공에 이른 사람은 실패를 거듭할수록 더 나은 성과를 보였다. 연구자는 제안서 평가 점수가 지속적으로 상승하는 패턴을 보였고, 창업자는 투자 유치 혹은 회사의 평가 가치가, 테러리스트는 한 번의 테러 발생 시 발생한 사상자 수가 증가하는 패턴을 보였다. 반대로 마지막 시도까지 실패에 머문 그룹은 실패 전과 후의 성과가 크게 달라지지 않았다. 흥미로운 것은 이러한 차이가 실패 궤적의 초기 시점부터 비교적 뚜렷하게 나타난다는 점이었다. 첫 번째 시도만 관찰했을 때 두 집단은 비슷한 수준의 성과를 냈지만, 끝내 성공하는 사람은 그렇지 않은 사람에 비해 두 번째 시도에서부터 이전보다 유의미하게 나은 성과를 보였다.

이 결과가 우리에게 말해주는 것은 무엇일까?

똑같이 실패를 거듭했지만 끝내 성공하는 사례와 그렇지 못한 사례를 가르는 핵심은 '실패를 통해 얼마나 배웠는가', 구체적으로는 앞선 실패에서 얻은 교훈을 새로운 시도에 얼마나 반영했는가일 것이다. 실패는 우리에게 경험과 피드백을 남긴다. 그러나 우리가 실패한 누군가에게 종종 위로하듯 "좋은 경험 했다고 치고 그냥 넘겨"버린다면 실패는 결코 성공의 어머니가 될 수 없다고 이 연구는 말한다.

실패에서 배우지 못한다면 우리는 결국 실패한다. 실패가 주는 피드백을 통해 기존 시도에서 취할 것은 취하고, 버릴 것은 버리고, 부족한 부분을 개선했을 때 성공에 한 걸음 더 가까워진다. 그리고 이는 분명 전혀 새로운 시도를 하는 것보다 조금 더 빨리 성공에 도달하는 길일 것이다. 그러기 위해 자신이 경험한 실패를 좀 더 면밀히 들여다보고 충분히 배워야 한다.

이 연구의 책임자인 다슌 왕 교수는 이렇게 말한다. "과거에서 조금 배우면 아무것도 배우지 않는 것보다는 낫다고 생각하겠지만, 그렇지 않다. 과거로부터 조금 배우지만 그 배움이 충분하지 않다면 전혀 배우지 못한 것이나 다름 없다."[2]

실패에서 '제대로' 배우기 어려운 이유

그렇다면 실패에서 제대로 배우려면 어떻게 해야 할까? 오늘날 한국 사회에서 '실패를 통해 배울 수 있다'라는 것은 의심의 여지 없는 진리처럼 여겨진다. 그러나 잠시 스스로에게 물어보자. 당신은 실패를 통해 무엇을, 얼마나 배우고 있는가?

미국 시카고대학교 부스경영대학원의 아예렛 피시바흐 Ayelet Fishbach 교수 연구 팀은 이 당연해 보이는 통념에 의문을 가졌다. 그들은 사람들이 주어진 과제의 목표 달성에 성공했을 때와 실패했을 때 그 경험에서 얼마나 잘 배우는지, 그 학습 내용을 다음 시도에서 얼마나 잘 활용하는지를 알아보는 일련의 실험을 수행했다. 결과는 놀라웠다. 대부분의 조건에서 사람들은 성공 피드백을 받았을 때보다 실패 피드백을 받았을 때 현저히 덜 학습한다는 사실이 발견된 것

이다.[3]

실험은 간단했다. 참가자들은 두 개의 선택지 중 하나의 답을 고르는 문제를 풀었다. 그러고 나서 한 집단은 맞힌 문제에 대한 성공 피드백을, 다른 집단은 틀린 문제에 대한 실패 피드백을 받았다. 여기서 중요한 것은 두 유형의 피드백 모두 정답에 대한 동일한 정보를 포함하고 있었다는 점이다. 그러나 이후 두 집단의 참가자들에게 같은 문제를 다시 풀어보게 했을 때, 실패 피드백을 받은 집단은 성공 피드백을 받은 집단보다 뚜렷하게 낮은 정답률을 보였다. 실험 환경과 문제의 내용을 다양하게 변경해도 결과는 일관되게 나타났다.

흥미롭게도 실험 참가자들은 '자신'이 실패한 과제로부터는 제대로 학습하지 못했지만 '다른 사람'이 실패한 과제에 대한 정보를 주었을 때에는 그 내용을 잘 습득했다. 연구진은 여러 조건의 실험과 분석을 통해 사람들이 자신의 성공이나 타인의 실패로부터는 잘 배우는 반면 자신의 실패에서는 잘 배우지 못하며, 그 이유는 실패가 개인의 자존감을 위협하기 때문이라고 결론 내렸다.

'내가' 어떤 일에 실패했다는 사실은 우리 자존심을 상하게 만든다. 사람들은 누구나 긍정적 자존감을 유지하려는 욕구가 있는데, 바로 그 욕구가 '실패'로부터의 정보를 무시하거나 피하게 만들어 결과적으로 실패로부터의 학습을 방해한다고 보았다. 연구진은 여기에 '튜닝 아웃tuning out 반응'이라는 이름을 붙였는데 이는 실패 상황에서 자아를 보호하기 위한 일종의 방어 기제인 셈이다.

우리는 학창 시절부터 오답 노트를 작성하거나 실패한 시도를 되돌아보는 것이 효과적인 학습 방법이라고 배워왔다. 하지만 이 연구 결과는 그것이 말처럼 쉬운 일이 아님을 보여준다. 실패로부터 진정으로 배우려면 자존감을 보호하려는 본능적 욕구를 극복하고 실패를 객관적으로 바라볼 수 있는 심리적 준비가 필요하다. 이는 단순한 의지의 문제가 아닌 우리의 심리적 방어 기제와 마주하는 도전이다.

그러나 모든 사람이 자신의 실패에 방어적인 태도를 보이진 않았다. 실험에 참여한 개개인의 데이터를 살펴보면 실패 피드백을 받은 집단 내에서도 일부 참여자는 성공 피드백을 받은 참여자만큼이나 높은 학습 수준을 보였다. 실패했다는 사실이 자기 위협적인 정보를 담고 있는데도 어떤 사람은 실패를 인정하고 객관화하여 들여다보려는 노력을 기울였다. 이러한 차이를 만드는 것은 무엇일까?

세계적인 심리학자 캐럴 드웩Carol Dweck의 마인드셋 이론은 이에 대한 중요한 통찰을 제공한다. 그는 사람들이 '능력'에 대해 일반적으로 가지고 있는 신념 체계를 크게 두 가지로 구분한다. 고정 마인드셋Fixed Mindset을 가진 사람들은 재능과 능력이 불변하고 고정되어 있는 자질이라고 믿는 반면, 성장 마인드셋Growth Mindset을 가진 사람들은 노력과 학습을 통해 능력이 발전할 수 있다고 믿는다. 이러한 마인드셋의 차이는 도전과 실패에 대한 반응에서 뚜렷하게 드러난다. 고정 마인드셋을 가진 사람들은 실패가 곧 자신의 한계를 드러내는 것이라 생각해 새로운 도전을 꺼리지만, 성장 마인드셋을 가진 사람들은 실패를 학습 기회로 여기기에 도전에 적극적이고 실패로부터의 회복 역시 빠르다.[4]

경험과 숙련도의 차이도 실패를 대하는 태도를 가르는 중요한 요인이다.[5, 6] 초보자와 숙련자는 실패를 다루는 방식에 차이가 있다. 연구들에 따르면 경험 많은 숙련자는 실패에 대한 두려움이 상대적으로 낮을 뿐 아니라 실패를 마주했을 때 더 효과적으로 다루고 빠르게 회복하는 경향이 있다. 이런 차이가 발생하는 이유는 뭘까? 숙련자는 특정 분야의 전문성을 쌓아가는 과정에서 성공과 실패를 폭넓게 경험한다. 이런 경험을 축적하며 그들은 목표 달성의 실패가 반드시 자신의 노력이나 능력 부족을 의미하는 것은 아님을 체득한다.

반면 초보자의 경우, 목표 달성에 실패했을 때 그 원인을 자신의 능력 부족이나 해당 분야에 대한 적성 결여에서 찾는 경향이 높다. 그래서 충분한 경험이 쌓이기도 전에 실패를 경험하면 해당 영역에서 더 이상 목표 추구를 포기하는 경향이 나타나기도 한다. 그렇게 앞선 실패에서 배워 재도전하는 대신 새로운 도전 목표를 찾는다. 이는 특히 진로 탐색 단계에 있는 학생에게 매우 중요한 시사점을 제공한다. 그들이 겪는 초기의 실패 경험이 잘못 다루어질 경우, 잠재적으로 유망한 진로 기회를 조기에 포기하게 만들 수 있기 때문이다.

또 하나 생각해볼 수 있는 요인은 동기의 차이다. 앞서 소개한 다슌 왕 연구 팀 '실패는 성공의 어머니' 빅 데이터 연구에서, 성공에 도달한 사람은 시도를 거듭할수록 다음 시도까지의 간격이 줄어든 반면 끝내 성공하지 못한 사람은 시도와 시도 사이에 비슷한 시간이 소요되었다는 내용을 기억하는가? 이 데이터만으로는 왜 두 집단의 재시도 속도가 달랐는지 직접적으로 설명할 수 없지만, 우리의 경험과 주변의 관찰을 바탕으로 몇 가지 가능성을 생각해볼 수 있다.

한 가지 생각해볼 수 있는 가설은 과제에 대한 접근 방식이다. 성공한 그룹은 하나의 과제를 지속적으로 발전시켰을 가능성이 높다. 이전 시도의 경험과 피드백을 바탕으로 개선점을 찾아 수정과 보완을 거듭했기 때문에 다음 시도를 준비하는 시간이 단축되고 수행의 질도 높아졌을 것이다. 반면 성공하지 못한 그룹은 실패할 때마다 완전히 새로운 접근이나 다른 주제로 선회했을 가능성이 높다. 새로운 시도마다 처음부터 다시 준비해야 했기 때문에 시도를 거듭할 때마다 비슷한 준비 시간이 필요했을 것이다.

이러한 접근 방식 차이는 내적 동기와 외적 동기의 차이에서 비롯되었을 수 있다. 내적 동기는 활동 자체에서 오는 즐거움, 성취감, 개인적 의미를 추구하는 것이다. 진정으로 열정을 다하고 싶거나 목표 의식이 뚜렷한 과제의 경우 내적 동기가 강하게 작용한다. 이때 실패는 목표 달성을 위한 과정의 일부로 받아들여지며, 실패로부터 배우려는 의지가

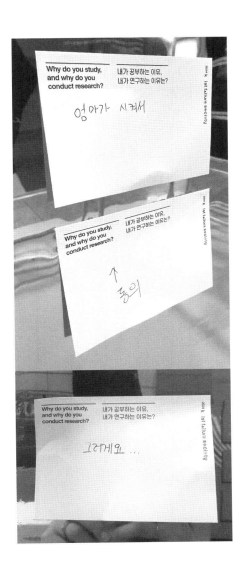

5장 실패에서 배운다는 것

강하게 나타난다.[7]

반면 외적 동기는 보상과 인정, 처벌의 회피 같은 외부 요인에 의해 발생하는 것이다. '해야만 하니까', '뒤처지지 않으려고', '남들이 하니까' 시작한 일의 경우다. 특히 이런 외적 동기로 시작한 일에 실패하는 것은 종종 '부적합성'의 신호로 여겨지는 경향이 있다. '나는 이 일에 재능이 없다', '적성에 안 맞는다', '이 길은 내 길이 아닌 것 같다'라는 결론 으로 이어지기가 쉽다는 뜻이다.

이렇게 외적 동기로 시작한 활동에서 실패한 경우, 자신 의 자존감을 위협하는 실패한 과제를 다시 깊이 분석하고 다시 도전하기보다는 새롭고 신선한 과제와 목표로 옮겨 가는 편이 심리적으로 더 매력적인 선택지로 여겨진다. 이 는 결과적으로 실패로부터의 학습과 발전을 방해하는 요인 이 된다.

이러한 맥락에서 볼 때 '실패해도 괜찮다', '실패에서 배 우자'라는 조언이 모두에게 동일한 의미로 다가가지 않는 것이 당연하다. '실패에서 배우기'가 실질적으로 작동하려 면 먼저 그 일에 대한 내적 동기를 발견하고 강화하는 과정 이 선행되어야 한다. '어떻게' 실패로부터 배울까를 묻기 전에 그 과제를 '왜' 할까에 대한 질문에 분명한 답이 나올 때, 그 실패로부터 '무엇을', '어떻게' 배울 수 있을지에 대한 방법은 자연스럽게 따라올 것이다.

카이스트 실패연구소가 찾아낸
'실패에서 배우기'

실패에서 제대로 배우기란 쉽지 않다. 실패연구소는 수많은 시행착오 끝에 그 나름대로 실패 학습 체계를 갖추게 되었다. 핵심은 성공한 사람의 실패 이야기나 교훈을 직접 전달하는 대신, 스스로 자신의 실패를 들여다보고 이를 통해 얻은 배움을 다양한 방식으로 공유하는 기회를 제공하는 방식으로의 전환이었다.

이러한 접근은 교내에서 포토보이스 프로그램, 학부생 연구 프로그램Undergraduate Research Program, URP 메타 인지 학습 과정, 망한 과제 자랑 대회, 에세이 공모전 등 다양한 형태로 구현됐다. 프로그램의 형식과 대상은 각각 달랐지만 네 가지 핵심 원칙을 일관되게 유지했다. 첫째, 자신의 실패를 스스로 관찰하고 포착하기. 둘째, 실패 경험과 그로부터 느낀 것을 구체적인 언어로 기록하기. 셋째, 타인과 공유할 수 있는 형태로 재구성하기. 마지막으로, 심리적으로 안전한 환경에서 이를 나누기.

실패연구소 프로그램에 참여한 대부분의 학생은 이 경험이 실패에 대해 무언가를 '배우는', '교육적인' 경험이었다고 입을 모은다. 이 과정에 참여한 학생들은 무엇을 배웠을까?

'실패는 성공의 어머니'라는 말을 당연하게 여겨왔던 사람들은 대부분 '실패에서 배운다'라고 하면 목표 달성을 위한 직접적인 피드백이나 성공을 위한 구체적인 방법을 배우는 일이라 생각하기 쉽다. 그러나 프로그램에 참여한 학생들이 실패를 통해 '배웠다'라고 이야기한 것들은 단순히 성공을 향한 피드백 이상이었다.

먼저, 실패를 관찰하는 경험을 통해 학생들은 실패의 본질을 새롭게 이해하게 됐다. 삶에서 '실패'로 불리는 경험이 얼마나 다양한지, 실패가 얼마나 주관적이고 상대적인지,

같은 실패도 상황과 맥락에 따라 의미가 전혀 달라질 수 있다는 것을 깨달았다.

실패란 시간에 따라 다르게 인식되고 이해되는 경험이라는 것도 중요한 발견이었다. 이러한 앎이 책 속에 기록된 추상화된 지식이 아니라 자신의 생생한 경험에서 얻은 것이었기에 학생들은 이 배움을 실질적인 삶의 지혜로 체화할 수 있었다. 실패가 무엇인지, 실패를 어떻게 바라보는 것이 더 건강한지에 대해 정해진 답은 없었다. 그보다 실패를 이렇게 다양한 관점으로 바라보는 경험 자체가 실패에 대한 태도를 유연하게 만들고 자신의 경험에 새로운 의미를 부여하는 계기가 되었다.

한편 어떤 학생은 실패를 관찰하고 기록하는 과정에서 자기 자신에 대해 조금 더 잘 알게 됐다고 이야기했다. 자신의 실패를 차근차근 기록하고 곱씹어본 학생들 중 스스로 실패라고 여기는 경험에서 일관된 경향성을 발견하기도 했다. 가령 유미는 주로 휴대폰을 들여다보고 있을 때, 기범은 주로 다른 학생들의 존재를 의식할 때, 정옥은 주로 시간 압박을 느낄 때 '실패'라는 단어를 자주 떠올렸다. 의미 없이 파편화되어 있는 일상 경험에 대한 기록이 축적되고 그것이 일정한 패턴으로 드러나자 평소에는 잘 의식하지 못했던 자신의 모습이 보이기 시작했다.

학생들은 일상의 구체적인 실패 경험을 사진과 글로 기록하는 과정이 배움에 특히 효과적이었다고 이야기했다. 평소에는 그냥 덮어두고 지나치던 실패와 감정을 의도적으로 들여다보는 과정에서 그 일을 하는 목표와 의미를 재확인하기도 하고 스스로 통제할 수 있는 실패와 아닌 실패의 원인을 구별하기도 했다. 일부 참여자는 실패 관찰을 통해 자신을 막연한 실패감에 빠지게 만드는 비합리적 사고방식을 발견하기도 했다. 이러한 사고 과정을 거치자 실패를 어떻게 받아들이고 대처해야 하는지에 대한 판단도 비교적 분명해졌다. 무엇보다 막연한 실패감 같은 부정적 감정에 오래 머무르지 않도록 하는 데 도움이 됐다.

더 나아가 실패를 돌아보는 경험은 '그럼에도 불구하고' 왜 이 일(공부)을 계속하는지를 재확인시켜주었다. 실패를 떠올리는 장면들만 모아서 보면 학교생활이 고난의 연속처럼 느껴지지만, 이러한 어려움에도 불구하고 이 과정을 버틸 수 있는 건 초심 같은 것 덕분이다. 바쁜 일상이 반복되다 보면 초심을 잃고 방황하는 경우가 허다한데, 일상의 크고 작은 실패를 곰곰이 곱씹다 보면 한동안 잊고 있던 초심이 다시 떠올랐다. 자신에게 중요한 목표가 무엇인지를 상기하자 나머지 문제들이 사소해지거나 감수해야 하는 것으로 여겨졌다.

학생들과 이러한 배움을 나누면서, 이들이 실패에서 무언가 배울 수 있었던 건 '실패'했기 때문이 아니라 본인의 삶과 주변에서 일어나는 일들을 찬찬히 들여다볼 관찰과 사색의 시간을 가졌기 때문이라는 생각을 자주 했다. 눈앞에 쏟아지는 과제를 해나가느라, 눈에 보이지 않는 미래를 미리 걱정하고 준비하는 일에 몰두하느라 정작 자신과 주변을 돌아볼 여유가 없었던 학생들에게 자신의 실패를 기록하도록 유도한 프로그램은 잠시 멈춰 일상을 돌아볼 계기를 제공했다. 자신의 삶을 관찰하고 일상에서 일어나는 실패를 곱씹어보는 것만으로 학생들은 자기 나름대로 교훈을 찾았다.

학생들이 스스로 발견한 교훈은 하나의 정답으로 수렴되지 않았다. 같은 시기, 같은 학교에서 비슷한 과정을 지나고 있기에 대체로 유사한 실패 경험을 보고했지만, 같은 실패라도 그로부터 얻는 교훈은 저마다 달랐다. 각자 삶의 목표, 추구하는 가치, 현재 고민하는 문제가 제각기 다르기에 어쩌면 자연스러운 결과였다. 실패에서 배운다는 것은 곧 지나간 경험에서 현재와 미래의 자신에게 유용한 교훈과 의미를 발견하는 일이었다.

기우멱우騎牛覓牛, 소를 타고서 소를 찾는다는 의미로, 사람들이 문제의 답이 내면에 있는 줄 모르고 바깥의 엉뚱한 곳에서 답을 찾으려 하는 어리석음을 비유하는 말이다. 카이스트 학생들과 프로그램을 진행하면서 이 사자성어를 유독 자주 떠올렸다. 우리 역시 자신의 삶과 내면을 돌아볼 여유 없이 밖에서 남이 정해준 정답을 좇으려다 오히려 자기에게 맞는 해답을 찾는 일을 계속 미루어왔던 것 아닐까.

실패 경험을 공유하는 것은
왜 이토록 중요한가

실패연구소가 운영하는 실패 학습 프로그램에서 가장 중요한 과정은 여러 명이 한데 모여 각자의 실패 경험을 공유하는 대화 모임이다. 다른 학생들의 실패를 엿볼 수 있는 흔치 않은 기회이기 때문에 참여자들의 흥미와 집중도가 특히 높다.

성공한 결과만 기록하고 실패를 숨기는 것이 자연스러운 사회에서 실패 경험을 진솔하게 드러내고 공유할 기회는 흔치 않다. 특히 카이스트 학생들은 우수한 동료들 사이에서 경쟁과 비교, 자신에게 거는 기대의 압력이 크기 때문에 실패를 경험할 때 더 크게 좌절하거나 고립감을 느끼기 쉽다. '다른 사람들은 다 잘하고 있는데, 나만 실패하고 있는 것 같은 느낌', '주변의 타인을 실망하게 만들지도 모른다는 불안' 등이 실패와 그로 인해 부정적 감정을 느끼고 있는 자신을 솔직하게 드러내기 어렵게 만들기 때문이다.

의도적으로 실패를 드러내 이야기할 수 있도록 안전하게 고안된 워크숍에 참여한 학생들이 다른 사람들과 실패를 공유하고 나서 보이는 첫 반응은 주로 '사람 사는 게 다 비슷하구나'라는 공감이다. 같은 시기, 같은 학교에서 비슷한 시기를 보내고 있는 학생들은 일상에서 경험하는 실패뿐 아니라 미래에 대한 불안, 경쟁과 기대에 대한 부담, 비교에 따른 좌절감 등 부정적 감정 역시 상당히 유사하다. 이러한 발견은 자신이 겪는 실패가 부끄러운 것이 아니라 누구나 겪을 수 있는 삶의 자연스러운 일부라는 사실을 받아들이게 만들어주었다. 나아가 이러한 이해는 심리적 위축감과 수치심을 완화하는 데에도 도움이 됐다.

특히 2024년 여름에 진행된 학부 연구생 워크숍이 인상적이었다. 전공, 연구 분야, 연구 주제, 지도 교수와 참여 연구실이 제각기 달랐지만 대부분 초보 연구자라는 공통점이 있었다. 이들이 2주마다 제출한 연구 성찰 기록에는 학업과 연구의 병행, 예상치 못한 시간 지연, 경험과 숙련 부족으로 인한 기술적 어려움 등 유사한 고민이 담겼다. 그러나 문제를 해결해나가는 방식은 저마다 달랐다. 지도 교수의 도움으로 순조롭게 진행하는 경우부터 여전히 해결책을 찾지 못해 고군분투하는 경우까지 각양각색이었다.

이 프로그램 참여자들에게서 가장 많이 받았던 피드백은 '다른 학생들과 실패를 공유하는 워크숍 후 불안이 줄어들었다'라는 반응이었다. 주목할 만한 점은 이 안도감이 단순히 '우리는 비슷하구나'라는 공감에서만 오지 않았다는 것이다. 오히려 각자의 연구가 지닌 독특성과 다양성을 이해하면서 불안이 감소했다는 학생이 많았다.

이는 연구의 본질과 깊은 관련이 있다. 입시 준비를 할

5장 실패에서 배운다는 것

때부터 학부 과정까지 학생들이 경험한 학습은 주로 정해진 답을 찾고 경쟁자들과 더 좋은 점수를 다투는 방식이었다. 반면 연구는 본질적으로 미지의 영역을 탐색하는 일에 가깝다. 만약 정답과 그에 대한 풀이 방법이 정해져 있다면 그 주제는 연구할 가치가 없는 것이나 다름없다. 실제로 학생들이 제출한 연구 성찰 보고서에 기록된 어려움의 상당수는 이러한 연구의 본질적 특성에서 기인했다.

정해진 표준이나 정답이 없는 과제이기에 다른 연구들과의 단순 비교나 속도의 비교가 무의미하지만, 이제껏 정해진 답을 찾는 공부에 익숙한 학생들은 그 사실을 자주 망각했다. 특히 각자 자신의 연구 과제에만 몰두하고 있을 때 예상보다 연구 진행이 더뎌지거나, 다른 학생들이 빠르게 성과를 냈다는 소식을 들으면 불안과 조바심이 커졌다. 이런 상황에서 서로 다른 연구 과제를 수행하는 학생들이 모여 결과가 아닌 과정, 심지어 세세한 부분까지 나누는 시간은 특별한 의미가 있었다.

학생들은 서로의 연구를 경청하며 연구 분야나 전공 간 연구의 과정 및 방법의 유사점과 차이점을 구체적으로 이해하게 되었고, 자신의 연구가 가진 특수성도 발견했다. 수

많은 연구 혹은 진로의 가능성 중에서 자신이 특별히 관심 있는 영역과 방법도 조금 더 선명히 보였다. 이 과정에서 학생들은 막연히 불안해하는 대신 자신만의 속도와 방식으로 연구를 진행해도 된다는 확신을 얻었다. 이처럼 구체적인 실패 경험을 다른 사람들과 공유하는 일은 자신이 타인과 구별되는 특성, 즉 정체성을 확인하는 데에도 도움이 됐다.

마지막으로, 비슷한 환경에 놓인 사람들 간의 실패 공유가 가지는 또 다른 장점은 공감과 이해를 넘어 각자 어떻게 문제를 해결하고 극복했는지에 대한 다양한 관점과 사례를 얻을 수 있다는 것이다. 워크숍을 통해 공유한 실패 에피소드의 대부분에서 현재 비슷한 상황을 겪고 있거나 이미 비슷한 상황을 지나온 다른 구성원의 사례를 찾을 수 있었다.

몇몇 프로그램에서는 실패 공유의 효과를 높이기 위해 학부생과 대학원생 그룹, 외국인 그룹 등 보다 동질적인 사람들로 대화 그룹을 구성했는데, 어떤 경우에는 각 그룹의 특징적인 실패 사례가 다루어지기도 했다. 참여자들은 본인의 경험에 기반해 구체적인 대처 방안을 조언하거나 상황에 대한 다른 해석을 제공하는 등 아낌없이 의견을 교환했다. 참여자들의 다양한 관점을 접하면서 문제를 바라보는 시각이 바뀌는 경우도 있었다. 이 과정에 함께한 학생 중 다수가 이 프로그램을 집단 심리 치료 혹은 자조 모임에 비유한 이유다.

실패에서 더 잘 배우기 위하여

    '실패에서 배운다'라는 말에서 진정으로 주목해야 할 것은 '실패'가 아닌 '배움'이다. 실패연구소의 경험이 보여주듯, 우리는 실패뿐 아니라 삶의 모든 순간에서 배울 수 있다. 그러나 단순히 경험한다고 해서, 혹은 실패했다고 해서 자동으로 의미 있는 배움으로 이어지지는 않는다. 다슨 왕 교수의 연구가 보여주듯 같은 횟수의 실패를 경험하더라도 그로부터 실질적인 성장을 이루는 사람이 있는 반면 반복된 실패에도 의미 있는 교훈을 얻지 못하는 사람도 있다.

    실패에서 진정으로 배우려면 먼저 그 일을 하는 목적과

의미가 분명해야 한다. 왜 이 일을 하는지, 이 과정에서 무엇을 추구하는지에 대한 이해가 선행될 때, 실패는 비로소 의미 있는 교훈이 된다. 분명한 목표 의식은 실패를 단순한 좌절이나 부정적 경험이 아닌 다음 도전을 위한 피드백으로 바라보게 한다. 목표가 분명하지 않은 상태로 실패를 분석하면 피상적 수준의 교훈 도출에 머물기 쉽다. 더불어 자신의 관심사와 적성, 강점과 약점을 깊이 이해할수록 실패로부터 얻는 배움의 깊이도 깊어진다. 이 맥락에서, 실패연구소의 여러 프로그램에서 참여자들이 실패 경험을 구체적으로 들여다보는 과정이 역으로 자기 이해를 높이는 계기가 되었다는 점이 흥미롭다.

이 과정에서 가장 중요한 것은 실패를 공유할 수 있는 안전한 환경의 조성이다. 피시바흐 교수의 연구가 보여주듯 실패가 자존감을 위협하는 경험으로 여겨질 때 학습 능력은 현저히 저하된다. 반면 실패를 용인하고 배움을 장려하는 문화에서는 실패로부터의 학습이 활발하게 일어난다. 실패연구소 프로그램 참여자들이 공통으로 언급했듯, 비슷한 경험을 한 사람들과 실패를 나누는 경험은 실패에 대한 인식을 전환하는 데 큰 도움이 된다.

이러한 안전한 환경은 단순한 동료의식을 넘어 서로의 성장을 진심으로 응원하고 지지하는 깊은 우정에 가깝다. 특히 연구처럼 정답이 정해지지 않은 도전적 과제에서는 서로 다른 접근과 속도를 이해하고 존중하는 태도가 중요하다. 서로를 향한 애정 어린 관심과 지지는 실패의 순간에도 자신의 가치를 잃지 않게 하는 심리적 안전망이 되어주며, 이는 새로운 도전을 계속할 수 있는 용기를 준다.

　　그러나 이러한 문화적 변화는 하루아침에 일어나기 어렵다. 실패를 부정적인 것으로 보고 숨기는 문화가 오래도록 지속되어온 현실에서 단순히 실패에 대한 긍정적 인식을 강조하거나 일시적인 캠페인, 제도 개선 등 단편적인 접근만으로는 진정한 변화를 이끌어내기 힘들다.

　　물론 희망적인 변화의 가능성도 보인다. 실패연구소의 도전과 실패에 관한 대국민 인식 조사에서 흥미로운 점은, 많은 사람이 실패의 유용성을 잘 알면서도 다른 사람들이 여전히 실패에 대해 부정적이고 비포용적일 것이라 여겨 실패를 드러내기를 주저한다는 결과였다. 하지만 실패연구소의 다양한 프로그램을 통해 안전하게 설계된 실패 공유 경험을 해본 사람들은 실패를 드러내는 과정이 생각보다 안전할 수 있으며 카이스트 구성원이 서로의 이야기를 따뜻하고 열린 마음으로 들을 준비가 되어 있다는 사실을 직접 체험했다. 사회 문화적 변화는 하향식 제도 개선이 아닌 이렇게 긍정적 경험을 한 사람들이 점진적으로 늘어나면서 자연스럽게 이루어질 수 있을 것이다.

결국 실패에서 배운다는 것은 단순히 시행착오를 통해 성공 확률을 높이는 것 이상의 의미다. 이는 삶에서 마주하는 모든 경험을 통해 자신과 타인 그리고 세상을 더 깊이 이해하고 함께 성장해가는 과정이다. 이러한 배움은 서로 다름을 인정하고 포용하는 관계 속에서 더욱 풍성해진다. 그 바탕 위에서 실패를 두려워하지 않고 계속 새로운 도전을 할 수 있으며 그 과정에서 더욱 풍성한 배움을 얻을 수 있을 것이다.

실패를 두려워하지 않는 삶에 대하여

"실패하면 어떡해요?"

실패연구소에서 일하며 사람들과 이야기를 나눌 때마다 자주 받는 질문이다.

이 질문에 대한 대답은 항상 같다. 실패라는 현상 자체보다 그것을 바라보는 태도가 더 중요하다는 것이다. 이 책을 마무리하며 실패를 대하는 태도에 관해 이야기하고자 한다.

비저닝, 자신만의 목적을 갖는 일

"소년이여, 야망을 품어라Boys, Be Ambitious!"

학창 시절 영어 시간에 그저 암기하기 바빴던 이 문장에는 매우 중요한 인생의 비밀이 숨어 있다. 이 말에는 단순히 '큰 꿈을 품어라'라는 의미를 넘어 젊었을 때부터 명확한 비전을 가지라는 뜻이 담겨 있다.

인간은 자아실현과 가치 창조 욕구를 가지고 있다. 중요한 점은 이 자아실현과 가치 창조의 영역과 형태가 사람마다 다르다는 것이다. 그리고 각자 고유한 목표와 비전을 찾아가는 과정을 '비저닝Visioning'이라고 부른다.

이 비저닝이 왜 중요할까? 인생에서 실패는 필연적으로 찾아오는데, 같은 실패를 마주하더라도 실패하는 태도를 완전히 다르게 만드는 것이 '비저닝'이기 때문이다. 비전이 명확한 사람은 실패 속에서도 배움을 찾고 다음 도전의 발판으로 삼는다. 반면 외부에서 주어진 목표나 타인의 기대에 따라 움직이는 사람은 실패에 크게 좌절하고 다시 일어서기 어려워한다.

피겨 스케이팅 선수 김연아나 축구 선수 손흥민을 떠올려보자. 그들이 단순히 돈이나 명예를 위해 그토록 힘든 훈련을 견뎌냈을까? 피아니스트가 하루 종일 연습하고 과학자가 한 가지 연구 주제에 집요하게 매달리는 이유는 무엇일까? 자신이 하는 일에 충분히 동기 부여가 되어 있기 때문이다. 스스로 동기 부여가 되어 있는 사람은 밤을 새워서라도 문제를 해결해야 직성이 풀린다. 그리고 그 과정에서 실패하더라도 오히려 그것을 가르침으로 삼을 수 있는 역량이 있다.

개인뿐 아니라 회사나 조직에서도 비저닝은 중요하다. 특히 조직의 비전과 개인의 비전이 일치하지 않을 때 심각한 문제가 발생한다. 퇴근 시간만 기다리며 월급만 받으면 그만이라는 직원이 많은 조직은 결코 성장할 수 없다.

더 나아가 사회적 차원에서도 비저닝은 매우 중요하다. 현재 한국 사회는 단기 성과와 효율성만 추구하다가 구성원의 다양한 비전을 담아내지 못하는 형국이다. 모든 것을 획일화된 성공 잣대로만 재단하려 한다. 마치 모든 식물을 같은 방식으로 재배하려 하는 것 같다. 각각의 씨앗이 가진 고유한 특성을 무시한 채 말이다.

입시 중심 교육 문화에서는 이런 비저닝의 중요성이 쉽게 간과된다. 쓸데없는 고민을 하느니 문제 하나라도 더 풀고 영어 단어 하나 더 외우는 게 낫다고 여기는 분위기가 팽배하다. 이런 환경에서 자라난 사람들이 자신만의 길을 찾는 데 어려움을 겪는 것은 어쩌면 자연스러운 결과일지도 모른다.

이공계 기피 현상이나 의대 쏠림 현상도 비슷한 맥락의 문제다. 의사가 되는 것이 자아실현을 위한 비전이 아니라 안정적인 수입을 확보하려는 선택인 경우가 대부분이다. 이렇게 내적 동기 없이 의대에 진학한 학생들이 힘든 공부와 수련 과정을 잘 견뎌낼 수 있을까?

우리에게 필요한 것은 각자 비전을 찾고 키워나갈 수 있는 환경이다. 개인이 자신만의 비전을 가질 수 있고, 조직이 구성원의 다양한 비전을 포용할 수 있으며, 사회가 이러한 다양성을 인정하고 지원하는 것. 이것이 바로 진정한 의미의 발전 아닐까?

보이지 않는 훈장

"사람의 일생은 보이지 않는 훈장을 다는 과정이다." 종종 예기치 않은 실패나 좌절감에 힘들어하는 학생들에게 들려주는 말이다.

"네가 지금 카이스트를 다닌다는 건 고등학교 때 열심히 노력했다는 증거다. 그 과정에서 성취감과 자부심을 느끼며 성장했을 것이다. 그러니 자랑스러워해야 할 것은 카이스트라는 학교가 아니라 여기 오기까지 쌓아온 너의 경험, 그로부터 얻은 자긍심, 정신 역량이다. 그것이 바로 보이지 않는 훈장이다."

인간의 정신은 태어나서 죽을 때까지 꾸준히 성장하는데, 이 크기가 바로 그 사람의 삶의 높이, 정신세계의 크기를 결정한다. 상승 폭은 사람마다 다르지만 한번 올라간 수준은 결코 이전으로 돌아가지 않는다. 그래서 죽는 순간에 정신 역량이 높은 수준까지 올라가 있는 사람이 있고 그만큼 도달하지 못한 사람이 있다. 이것이 바로 사람과 사람 사이의 진정한 차이다.

누군가가 로또에 당첨되어 갑자기 100억 원이 생겼다. 순간적으로는 엄청난 기쁨을 느끼고 정신 에너지가 일시적으로 확 올라갈 것이다. 그런데 심리학 연구에 따르면 대여섯 달 후에는 그 행복감이 로또 당첨 이전 수준으로 돌아온다고 한다. 거기에 자신의 노력도, 성장도 없었기 때문이다. 반대로 스스로 열심히 노력해서 이룬 성취는 다르다. 고등

학생이 열심히 공부해서 대학생이 되었다고 해보자. 그 자부심과 자긍심은 결코 이전 단계로 돌아가지 않는다.

그 한 단계, 한 단계 성장하는 과정을 '보이지 않는 훈장을 다는 과정'이라 한다. 이 훈장은 남들이 볼 수 없고 오직 자기 자신만 알 수 있다.

인생에서 중요한 것은 결과가 아니다. 결과는 찰나에 불과하다. 진정으로 중요한 것은 과정이다. 삶의 과정에서 쌓아가는 가치와 경험, 그것이 바로 보이지 않는 훈장이다. 성공이든 실패든, 그 과정에서 얼마나 성장했는가가 중요하다.

살다 보면 '보이지 않는 훈장'을 많이 달고 있는 사람들을 만나곤 한다. 이들은 대체로 성공이나 실패에 크게 흔들리지 않는다. 중용을 지키며 어떤 순간에도 평온을 유지한다. 이는 아마도 수많은 과정을 거치며 달아온 '보이지 않는 훈장'이 만들어낸 내공일 것이다.

운칠복삼의 인생을 대하는 자세

운칠기삼運七技三이라는 사자성어가 있다. 세상의 모든 일에서 운이 7할, 재주나 노력이 3할이라는 뜻이다. 그런데 실제로는 운의 영향력이 더 큰 것 같기도 하다. 과장된 표현으로 '운칠복삼運七福三'이라는 말도 있다. "모든 게 운에 달린 거네?" 하며 허탈해하고 실망하는 사람도 있지만, 강조하고 싶은 건 다른 측면이다.

세상일 중에서 우리 힘으로 통제할 수 있는 것은 생각보다 많지 않다. 그런데 그 통제 가능의 정도가 나이에 따라 다르다. 중학교, 고등학교, 대학교 시기에는 통제할 수 있는 영역이 상대적으로 넓다. 열심히 공부하면 그만큼 성과가 나오고, 실패해도 책임질 일이 적은 편이다. 그래서 이 시기를 아름다운 청춘이라고 여기는지도 모른다.

하지만 나이가 들수록 상황이 달라진다. 책임져야 할 것들이 많아지면서 그만큼 자유로운 도전이 어려워진다. 아무리 열심히 해도 주변 상황과 조건이 성과에 미치는 영향이 커진다.

그렇다면 운칠복삼의 세상에서 어떤 태도를 가져야 할까? 일단 목표를 크게 잡으라고 조언하고 싶다. 100퍼센트를 달성하지 못해도 높은 목표를 향해 가는 과정이 중요하기 때문이다. 반대로 처음부터 목표가 낮으면 100퍼센트를

277

달성해도 낮은 수준에 머무를 수밖에 없다.

이 과정에서 가장 중요한 것이 긍정적이고 낙관적인 태도다. 운은 개인이 통제할 수 없는 영역이다. 그렇다면 차라리 '나는 운 좋은 사람이야'라고 생각하는 편이 이롭지 않을까? 실제로 같은 실패를 겪어도 낙관적인 사람이 그것을 더 잘 극복하고 다음 기회를 잡는 경우가 많은 이유다.

성공하려면 실력이 중요하다고 생각하지만, 실력이 비슷한 사람들이 의외로 많다. 그중에서 누군가는 더 크게 성공하고 누군가는 그러지 못한다. 이게 바로 운의 영역이다. 반대로 성공한 사람이 무조건 더 실력이 좋고 잘난 것도 아니다. 그래서 끊임없이 겸손한 자세를 가져야 한다.

실패를 두려워하지 않는다는 것은 실패하지 않는다는 의미가 아니다. 오히려 실패를 통해 배우고 성장할 수 있음을 안다는 것이다. 자신만의 명확한 비전이 있다면 실패는 그 비전을 향해 가는 과정의 일부일 뿐이다.

누구에게나 무한한 가능성이 있다. 그 가능성을 실현하는 과정에서 때로는 실패할 수 있다. 하지만 그 실패 속에서 '보이지 않는 훈장'을 달 수 있다면 결코 헛된 시도가 아닐

것이다. 각자 비전을 찾고 긍정적인 마음가짐으로 두려움 없이 나아가기를 진심으로 응원한다.

감사의 말

　카이스트 실패연구소는 더 많은 사람들이 새로운 것에 과감히 도전하는 퍼스트 무버가 될 수 있도록 돕고자 만들어졌습니다. 이 책을 마무리하는 시점에서 돌아보니, 실패연구소 역시 이전에 없던 길을 새롭게 개척하는 도전을 해왔음을 깨닫습니다. 이 책에는 그 과정에서 겪은 시행착오와 우리의 고민, 그로부터 얻은 배움을 담았습니다.

　이러한 의미 있는 배움은 카이스트가 실패연구소라는 공간을 마련하고 마음껏 시도할 수 있는 시간을 허락해주었기 때문에 가능했습니다. 다양한 시도를 할 수 있는 울타리가 되어준 카이스트에 깊은 감사를 드립니다. 늘 든든한 지원군이 되어준 유희열 위원장님을 비롯한 실패연구소 운영 위원님들 그리고 이미순 선생님께 특히 감사드립니다.

무엇보다 이 모든 배움은 카이스트 학생들을 비롯한 여러 구성원들이 자신의 실패 경험과 생각을 용기 있게 나누어 주었기에 가능했습니다. 실패라는 주제가 여전히 불편하고 조심스러운 이 시대에, 자신의 이야기를 기꺼이 들려주신 모든 분께 진심으로 감사드립니다.

이 책의 집필 과정에서 도움을 주신 많은 분께도 감사의 마음을 전합니다. 늘 따뜻한 응원과 함께 원고를 꼼꼼히 검토해주신 위즈덤하우스 남은경 편집자님, 우리의 경험을 다양한 시각에서 바라볼 수 있도록 기꺼이 대화의 상대가 되어준 여러 동료와 전문가 분들께도 감사의 말을 전합니다. 새로운 시도는 늘 불확실성을 동반하지만, 여러분의 지지와 응원이 있었기에 이 도전을 계속할 수 있었습니다.

이 책이 실패를 두려워하지 않고 새로운 도전을 시작하려는 모든 이에게 작은 힘이 되기를 바랍니다.

2025년 3월

저자 일동

감사의 말

❌ 부록

⋮

실패연구소
소장의 메시지

한국 사회에서
교육이 나아가야 할 길

　세계적인 대학을 평가하는 가장 이상적인 기준은 무엇일까? 20년 가까이 대학에서 학생들을 가르치며 이 질문에 대해 깊이 고민해왔다. 그 결론은 이렇다. 한 대학의 진정한 가치는 '그 학교 출신 졸업생이 세상에 나가서 어떤 공헌을 하고 얼마나 선한 영향을 미쳤는가?'로 평가되어야 한다는 것이다.

　현재의 대학 평가는 대부분 논문 실적이나 특허 건수 같은 즉각적이고 정량적인 기준에 의존한다. 이는 현실적 제약 속에서 채택된 차선책일 것이다. 하지만 진정으로 훌륭한 교육 기관이라면 단기 성과 지표를 넘어 졸업생이 사회에 미치는 긍정적 영향력을 더 중요하게 고려해야 한다. 졸업생이 아무리 뛰어난 기술과 실력으로 인정받아도 그것을 악용해 공동체의 삶을 위협한다면, 그것은 교육의 실패가 아닐까?

이공계 교육의 한계와 새로운 도전

이공계 교육의 특징은 하나의 올바른 해답을 찾는 것에 집중한다는 점이다. 논리적이고 합리적인 추론을 통해 유일한 최선의 해를 찾아낸다. 복잡한 문제를 단순화해 해결 가능한 형태로 만드는 이러한 접근법은 공학의 강점인 동시에 한계다. 실제 세상의 많은 문제에는 하나의 해법만 있는 것이 아니기 때문이다.

리더의 위치에 올라가면 이러한 사고방식의 한계가 더욱 분명해진다. 실제로 글로벌 톱티어 기업들을 보면 흥미로운 현상이 발견된다. 상위 20퍼센트 임원진은 대부분 공학, 전산학 전공자이지만 상위 1~5퍼센트 최고위직으로 올라갈수록 심리학, 철학 등 인문 사회 계열 전공자가 많아진다. 여기에 중요한 메시지가 있다. 이공계적 전문성이 어느 정도까지는 성장의 발판이 될 수 있지만 진정한 리더가 되려면 그것만으로는 부족하다는 것이다. 기술적 전문성을 갖춘 사람은 많지만 제한된 임원 자리에 오르는 건 그중에서도 인문 사회적 소양, 즉 사람을 이해하고 조직을 이끌어가는 능력을 갖춘 사람이다.

그중에서도 학생들이 갖추었으면 하는 능력이 다양성과 포용성이다. 내가 결혼 후에 깊이 깨달은 것이 있다. 세상에는 나와 똑같은 환경에서 자라거나 똑같은 사고를 하는 사람은 존재하지 않는다는 점이다. 치약을 어떻게 짜야 하는가 하는 사소한 문제를 포함해 삶의 많은 영역에는 하나의 정답이 존재하지 않는다. 각자 살아온 경험에 따라 수십, 수만 개의 다른 삶의 방식이 있고, 그것을 두루 인정하고 포용하는 능력이 중요하다.

교육의 두 가지 축: 전문 지식과 비전문 지식 역량

교육에는 크게 두 가지 축이 있다. 하나는 전문 지식 역량 교육이고, 나머지는 비전문 지식 역량 교육이다. 전자가 특정 분야의 전문성을 키우는 것이라면 후자는 인성과 교양, 인간과 사회에 대한 이해력 등을 키우는 정신 역량 교육이다.

내가 경험한 카이스트나 MIT 같은 대학은 전통적으로 전문 지식 역량을 키우는 기술 교육에서 탁월한 성과를 거두어왔다. MIT에서 공부하며 이를 실감했다. 같은 이론을 설명해도 훨씬 이해하기 쉽게 강의했고 교수진의 전문성도 탁월했다. 하지만 '이곳이 올바른 사람을 키우는 교육 기관인가'라는 측면에선 아쉬움이 있었다. 기본적으로 '너는 성인이니 그 부분은 알아서 해라'라는 태도였기 때문이다.

카이스트에 와서도 종종 이 문제로 동료 교수들과 토론을 했다. '과학기술원이라는 카이스트 설립 취지에 맞춰 전문 교육에만 집중해야 하는가, 아니면 인성이나 교양 교육도 포함해야 하는가?' 전문 교육에 집중해야 한다는 사람들은 "인성 교육은 초중고등학교에서 마무리해야 할 일", "우리가 그것까지 감당할 필요는 없다"라는 입장이었고 충분히 납득 가능한 주장이었다.

그런데 나는 학생들이 놓인 현실적 맥락을 고려할 필요가 있다고 본다. 처음 카이스트를 세울 때에는 아마도 인성과 교양은 초중고등학교 과정이나 그 외 삶의 영역에서 충분히 교육되리라 가정했을 것이다. 그러나 현실은 어떠한가? 치열한 입시 경쟁 속에서 학생들은 당장 입시에 도움이 되지 않는 공부와 경험을 뒤로 미룬다. 대학에 와서도 상황이 크게 달라지지 않는다. 많은 학생이 학점이나 취업에 직접 도움이 되는지를 기준으로 수강 과목과 교외 활동을 선택한다. 더 넓은 시야로 세상을 학습하고자 하는 자세가 부족한 듯해 아쉽다.

이런 학생들을 만나면서 한국 교육 현실에 대한 안타까움을 많이 느낀다. 동시에 이런 생각도 든다. 만약 학생들이 이전 교육 과정에서 충분한 정신적 역량을 갖추지 못했다면 대학에서라도 이 부분을 보완하는 교육을 해야 하지 않을까?

실패연구소의 존재 의미

실패연구소 소장직을 수락하며 총장님께 이런 말씀을 드렸다. "카이스트를 비롯한 세계 유수의 대학들이 전문 기술 교육에는 탁월한 성과를 보여왔지만 정신 역량 교육에는 그리 신경 쓰지 않는 것 같습니다. 하지만 이제는 균형이 필요한 시점입니다. 비전문 지식 역량, 즉 인성과 소양, 미적 감각, 심리적 이해력 같은 것들을 어떻게 교육할 것인가를 진지하게 고민해야 합니다."

나는 실패연구소가 이 불균형을 개선하는 데 기여할 수 있다고 생각한다. 실패연구소는 단순히 실패 극복 방법을 가르치는 곳이 아니다. 이곳은 학생들이 자신의 비전을 수립하고 스스로 동기 부여를 할 수 있는 역량을 키우는 과정을 돕는 공간이자 다양성과 포용성을 증진하는 공간이어야 한다.

대학원생에게 자주 하는 이야기가 있다. 단순히 좋은 논문을 썼는가로 박사 학위 수여 여부를 판단하지 않는다. 핵심은 스스로 문제를 정립하고 새로운 가치를 창조할 수 있는 역량을 갖추었는가다. 이는 단순히 주어진 문제를 해결하는 수준을 넘어 아직 아무도 보지 못한 문제를 발견하고 해결하는 능력을 뜻한다.

카이스트가 최근 시도하고 있는 미술관 설립이나 실패연구소 운영 같은 사업은 바로 이러한 맥락에서 의미가 있다. 미술관은 단순히 예술 작품을 전시하는 공간이 아니다. 학생들이 자연스럽게 예술을 경험하고 그것을 통해 자신만의 통찰을 얻을 수 있는 환경을 제공하는 곳이다. 실패연구소 역시 학생들에게 스스로의 삶을 돌아보고 이를 함께 나눌 수 있는 공간을 열어둠으로써 통찰과 재발견의 계기를 제공한다. 이런 경험은 강의실에서 가르칠 수 있는 것이 아니다. 저마다의 방식으로 체험하고 깨달아야 한다.

변화의 시대, 교육의 역할이 더욱 중요해지고 있다. 학교는 단순히 지식을 전달하는 것을 넘어 학생이 고유한 가치를 발견하고 실현할 수 있도록 돕는 진정한 교육을 실천해야 한다. 실패연구소가 그 과정에서 중요한 역할을 할 수 있기를 바란다.

AI 시대, 닥치는 대로
많은 책을 보라고 권하는 이유

지금 우리는 AI가 인간의 많은 영역을 대체해가는 시대를 맞이하고 있다. 최근 AI의 발전 속도는 실로 놀랍다. 특히 전문 지식 영역에서 AI는 상당한 능력을 발휘한다. 챗GPT 같은 AI는 수업에서 배운 내용을 완벽하게 정리하고 시험 문제도 훌륭하게 풀어낸다. 어쩌면 머지않아 지식을 암기하고 문제를 푸는 방식의 기존 학습 방식은 더 이상 의미가 없어질지도 모른다. 그렇다면 이 새로운 시대에 무엇을 어떻게 배워야 할까?

AI의 능력과 한계

현재 AI는 주어진 데이터를 바탕으로 놀라운 결과물을 만들어낸다. 그러나 한계도 존재한다. AI는 현상 간의 상관 관계는 잘 찾아내지만 인과 관계는 제대로 추론하지 못한다. 또한 한 분야에서 배운 지식을 다른 분야에 응용하는 전이 학습도 아직 어려워한다.

AI의 가장 큰 한계는 통찰력과 융합 능력이다. AI는 한 영역에서 뛰어난 성과를 낼 수 있지만 서로 다른 영역을 연결하고 새로운 의미를 발견하는 데에는 아직 한계를 보인다. 예를 들어 의학 지식과 공학 지식을 결합하여 새로운 의료 기기를 개발하는 것 같은 창의적 융합은 아직 AI에게 어려운 과제다. 다양한 영역의 지식을 종합적으로 활용하여 문제를 해결하는 능력, 즉 창의적인 융합 능력은 여전히 인간만의 고유한 영역이라 할 수 있다.

부록: 실패연구소 소장의 메시지

지식 네트워크: 창의적 융합의 열쇠

이러한 맥락에서 학생들에게 자기만의 지식 네트워크를 발전시키라고 조언한다. 지식 네트워크란 어떤 연관성을 근거로 개별 지식과 지식을 서로 연결하여 형성되는 지식 간의 복잡한 관계다. 단순히 개별 지식을 쌓는 것이 아니라 지식 간의 관계를 통해 새로운 통찰을 만들어내는 것이 핵심이다. 경제학에서 배운 개념이 심리학 원리와 연결되고, 그것이 다시 경영 전략에 대한 통찰로 이어지는 식이다.

지식 네트워크는 철저히 개인적인 결과물이다. 똑같은 수업을 듣고 같은 책을 읽어도 각자 만들어내는 지식 네트워크는 다르다. 이는 마치 요리와 같다. 같은 재료가 주어져도 어떻게 조합하고 활용하느냐에 따라 전혀 다른 맛이 만들어지듯, 지식도 어떻게 연결하고 융합하느냐에 따라 전혀 다른 통찰이 만들어진다. 이러한 지식 네트워크 구축은 누구도 대신해줄 수 없는 개인의 고유한 작업이다. 이것이 바로 노하우이자 지식 역량이며 AI 시대에 더욱 중요해질 인간만의 능력이다.

이를테면 정답 있는 문제를 푸는 시험에서 좋은 점수를

받는 학생의 머릿속은 잘 정돈된 캐비닛 같다. A 과목에서 공부한 내용은 첫 번째 서랍에, B 과목에서 배운 내용은 두 번째 서랍에 깔끔하게 정리가 되어 있다. 반면 창의적인 사람, 통찰력이 뛰어난 사람의 머릿속은 그렇지 않다. 그들의 지식은 캐비닛에 잘 라벨링되어 정리 정돈되어 있는 것이 아니라 열린 공간에 모든 것이 뒤섞여 있다. 오히려 이런 상태에서 지식 간의 새로운 연결 고리, 창의적 융합이 생성되기 쉽다. 기계 공학에서 배운 개념이 전자 공학의 원리와 연결될 수 있다는 통찰이 바로 그 열린 공간에서 일어난다.

두 가지 방식 가운데 무엇이 더 낫다고 단언할 수 없지만, 적어도 앞으로 다가올 AI 시대에는 서로 다른 도메인의 지식을 연결하고 융합하여 사고하는 역량이 점점 더 중요해지리라 생각한다.

능동적 학습, 능동적 읽기

지식 네트워크를 발전시키려면 다양한 학문 지식뿐 아니라 실제 경험을 통한 지식 축적도 중요하다. 독서 역시 중요한 활동이다.

　종종 학생들이 책을 추천해달라고 하는데 나는 특정 책 추천을 꺼린다. "어떤 책이 좋은 책인가요?"라고 묻는 것 자체가 수동적인 학습 태도이며 하나의 정답만 추구하는 한국 교육의 문제점을 드러내는 태도라고 느끼기 때문이다.

　나는 실제로 그냥 닥치는 대로 책을 읽는다. 좋은 책만 골라 읽어야 한다고 생각하지 않는다. 읽은 책 중에 동의하기 힘든 내용도 많다. 중요한 것은 그 과정에서 내 나름대로 생각을 정립하는 것이다. 내가 공감하는 책과 그렇지 않은 책, 잘 아는 분야의 책과 그렇지 않은 책 모두 생각을 정립하는 데 도움을 준다.

　같은 책을 몇 년의 시차를 두고 두 번 읽은 적이 있었다. 처음 읽었을 때에는 저자의 의도대로 이해하고 수긍했는데, 두 번째 읽었을 때에는 완전히 다른 통찰을 얻었다. 그 사이 몇 년 동안 내 경험과 생각이 발전하여 같은 책을 전혀 다른 관점에서 읽게 만든 것이다.

　이것이 바로 독서의 진정한 가치다. 저자가 아무리 훌륭하거나 뛰어난 사람이어도 그 의견을 수동적으로 받아들이기만 하면 안 된다. 저자의 생각을 통해 자신의 생각을 발전시키는 것, 스스로에 대한 이해를 높이는 것이야말로 독서의 가장 중요한 기능이며, 앞으로 다가오는 AI 시대에 가장 필요한 책 읽기 방식이라고 생각한다.

AI 시대의 새로운 학습법

현재 한국의 교육 방식에는 심각한 한계가 있다. 교사가 가르쳐주는 것을 그대로 받아들이고 암기하는 것, 이건 이제 AI가 훨씬 더 잘한다. AI가 인간보다 훨씬 더 많은 정보를 정확하게 저장하고 불러올 수 있기 때문이다.

그래서 우리에게 필요한 것은 다른 능력이다. 서로 다른 영역의 지식을 연결하고 거기서 새로운 의미를 발견해내는 능력, 주어진 지식을 그대로 받아들이는 것이 아니라 비판적으로 사고하고 자신만의 통찰을 만들어내는 능력이 그것이다.

세상은 진짜 중요한 것들을 쉽게 알려주지 않는다. 스스로 발견하고 깨달아야 얻을 수 있다. 많이 읽고, 깊이 생각하고, 자신만의 연결 고리를 만들어가는 과정이 바로 진정한

부록: 실패연구소 소장의 메시지

학습이다. 우리는 AI가 아직 도달하지 못한 영역인 통찰력, 창의성, 융합 능력을 키워나가는 데 집중해야 한다. 이것이 야말로 AI 시대가 우리에게 요구하는 진정한 학습의 모습 일 것이다.

1장

1 페일콘 웹사이트 http://thefailcon.com/

2 https://nationaltoday.com/international-day-for-failure/?mc_cid=5e6e82a2a7

3 *Journal of Trial and Error*. https://www.jtrialerror.com

4 Devine, S., Bautista-Perpinya, M., Delrue, V., Gaillard, S., Jorna, T., van der Meer, M., ⋯ & Visser, J. (2020). Science fails. Let's publish. *Journal of Trial and Error*, 1(1), 1-5.

5 권선필 (2022). '실패박람회 4년의 경험과 향후 과제'. 실패연구소 온라인 리포트. https://caf.kaist.ac.kr/boards/view/board_research/391/3/page/10/

2장

1 실패연구소 (2022.01.). CAF 뉴스레터 2022-1호 (창간호). https://caf.kaist.ac.kr/boards/view/board_newsletter/292/24/

2 Stefan, M. (2010). A CV of failures. *Nature*, 468(7322), 467-467.

3 '[이코노미조선] 3M·구글의 공통점… '실패 파티' 열고 '실패왕' 선발'. 〈조선일보〉(2016.08.14). https://biz.chosun.com/site/data/html_

dir/2016/08/24/2016082400617.html

4 안혜정 (2022.01). '[CAF 기획조사]. KAISTian이 생각하는 실패의 의미'. 카이스트 실패연구소. https://caf.kaist.ac.kr/boards/view/board_research/300/1/page/10/

3장

1 행정안전부 사회혁신추진단 (2018.12). '2018 실패박람회 실패 의제 연구보고서'.

2 Erikson, E. (1959). Theory of identity development. E. Erikson, *Identity and the life cycle*. Nueva York: International Universities.

3 Carstensen, L. L., Isaacowitz, D. M., & Charles, S. T. (1999). Taking time seriously: A theory of socioemotional selectivity. *American psychologist*, 54(3), 165.

4 한순흥. '모범생이 성공 못 하는 이유'. 〈대전일보〉(2012.02.06). https://www.daejonilbo.com/news/articleView.html?idxno=990386

5 Deci, E. L., & Ryan, R. M. (2011). Levels of analysis, regnant causes of behavior and well-being: The role of psychological needs. *Psychological Inquiry*, 22(1), 17-22.

6 김희영, 박성연 (2008).《어머니의 완벽주의와 심리적 통제가 남, 여 아동의 완벽주의 및 우울에 미치는 영향: 경로분석 모형》.〈한국심리학회지: 발달〉, 21(3), 115-131.

7 실패연구소 인스타툰 〈Live an Let Live〉(2023.04.17). https://www.instagram.com/p/CrHkTpivj0T/?utm_source=ig_web_copy_link&igsh=MzRlODBiNWFlZA==

8 '과학·영재고 학생, 대학 3학년 되면 일반고에 밀린다'.〈조선일보〉(2017.07.12). https://www.chosun.com/site/data/html_dir/2017/07/12/2017071200311.

html

9   Berglas, S., & Jones, E. E. (1978). Drug choice as a self-handicapping strategy in response to noncontingent success. *Journal of personality and social psychology*, *36*(4), 405.

10 Deci, E. L., & Ryan, R. M. (2000). The "what" and "why" of goal pursuits: Human needs and the self-determination of behavior. *Psychological inquiry*, *11*(4), 227-268.

11 Ryan, R. M., & Deci, E. L. (2000). Intrinsic and extrinsic motivations: Classic definitions and new directions. *Contemporary educational psychology*, *25*(1), 54-67.

12 Oertig, D., Schüler, J., Brandstätter, V., & Augustine, A. A.(2014). The influence of avoidance temperament and avoidance-based achievement goals on flow. *Journal of personality*, *82*(3), 171-181.

13 Conroy, D. E., & Elliot, A. J. (2004). Fear of failure and achievement goals in sport: Addressing the issue of the chicken and the egg. *Anxiety, Stress & Coping*, *17*(3), 271-285.

14 '캠퍼스에서 실패는 강의 계획서에 있다On Campus, Failure Is on the Syllabus'. 〈뉴욕 타임스〉(2017.06.24). https://www.nytimes.com/2017/06/24/fashion/fear-of-failure.html

15 Lythcott-Haims, J. (2015). *How to raise an adult: Break free of the overparenting trap and prepare your kid for success*. Henry Holt and Company.

16 'SNS 달구는 '중산층 별곡別曲". 〈조선일보〉(2012.10.20). https://www.chosun.com/site/data/html_dir/2012/10/20/2012102000131.html

17 World Values Survey Association (2005). *World values survey*. Ann Arbor: University of Michigan.

18 Diener, E., Suh, E. M., Kim-Prieto, C., Biswas-Diener, R., & Tay, L. S. (2010).

Unhappiness in South Korea: why it is high and what might be done about it. Seoul, Korean Psychological Association.

19 Conroy, D. E., Willow, J. P., & Metzler, J. N. (2002). Multidimensional fear of failure measurement: The performance failure appraisal inventory. *Journal of applied sport psychology, 14*(2), 76-90. 본문에 제시된 것 외에 '자신의 역량에 대한 의심', '미래에 대한 불안', '수치와 당황을 경험하는 것에 대한 두려움'이 실패의 두려움의 차원으로 제시되었다.

20 정태연 (2010). 《한국 사회의 집단주의적 성격에 대한 역사, 문화적 분석》. 〈한국심리학회지: 사회 및 성격〉, 24(3), 53-76.

21 Neugarten, B. (1976). Adaptation and the life cycle. *Counseling Psychologist, 6*, 16-20.

22 정한울, 이관후. '한국 사회 공정성 인식 조사 보고서'. 〈한국리서치 월간 리포트〉(2018).

4장

1 카이스트 실패연구소. '2022 카이스트 구성원 실패 인식 조사 보고서'. (2023.04.05). https://caf.kaist.ac.kr/boards/view/board_research/580/4/

2 카이스트 실패연구소. 'URP 메타 인지 학습 과정 결과 보고서'. (2024.08.26). (비공개 자료)

3 Madon, S., Willard, J., Guyll, M., & Scherr, K. C. (2011). Self-fulfilling prophecies: Mechanisms, power, and links to social problems. *Social and Personality Psychology Compass, 5*(8), 578-590.

4 이나다 도요시. 황미숙 옮김. 《영화를 빨리 감기로 보는 사람들》(현대지성, 2022).

5 카이스트 실패연구소. '[카이스트 실패세미나] 백형렬 : 연구자에게 실패란 무엇인가' 영상. (2024.05.20). https://www.youtube.com/watch?v=gvI-

PuGfqr5g

6 카이스트 실패연구소. '2022 카이스트 구성원 실패 인식 조사 보고서'. (2023.03.10). https://caf.kaist.ac.kr/boards/view/board_research/580/4/

5장

1 Yin, Y., Wang, Y., Evans, J.A. et al. Quantifying the dynamics of failure across science, startups and security. *Nature*, 575, 190-194 (2019). https://doi.org/10.1038/s41586-019-1725-y

2 Kellogg Insight (2020.12.02). Why Do Some People Succeed after Failing, While Others Continue to Flounder?. https://insight.kellogg.northwestern.edu/article/some-people-succeed-after-failing-others-flounder

3 Eskreis-Winkler, L., & Fishbach, A. (2019). Not learning from failure—The greatest failure of all. *Psychological Science*, 30(12), 1733-1744.

4 Dweck, C. S. (2006). *Mindset: The new psychology of success*. Random house.

5 Ceccarelli, L. A., Giuliano, R. J., Glazebrook, C. M., & Strachan, S. M. (2019). Self-compassion and psycho-physiological recovery from recalled sport failure. *Frontiers in psychology*, 10, 1564.

6 Persky, A. M., & Robinson, J. D. (2017). Moving from novice to expertise and its implications for instruction. *American journal of pharmaceutical education*, 81(9), 6065.

7 Vansteenkiste, M., Lens, W., & Deci, E. L. (2006). Intrinsic versus extrinsic goal contents in self-determination theory: Another look at the quality of academic motivation. *Educational psychologist*, 41(1), 19-31.

실패 빼앗는 사회

초판 1쇄 발행 2025년 3월 26일
초판 2쇄 발행 2025년 4월 17일

지은이 안혜정, 조성호, 이광형
펴낸이 최순영

출판2 본부장 박태근
경제경영 팀장 류혜정
편집 남은경
디자인 윤정아

펴낸곳 ㈜위즈덤하우스   **출판등록** 2000년 5월 23일 제13-1071호
주소 서울특별시 마포구 양화로 19 합정오피스빌딩 17층
전화 02) 2179-5600   **홈페이지** www.wisdomhouse.co.kr

ISBN 979-11-7171-387-5 03180